続・100万人が受けたい

「中学地理」ウソ・ホント？授業

著者 河原 和之

明治図書

はじめに

　大人も子どもも両方が美味しいスパゲッティを作ることは可能だろうか？のっけから授業とは関係ない話だが，これは天海祐希主演のテレビドラマ『Chef〜三つ星の給食〜』の一話である。一流の料理人である光子（天海）は，親子給食会を開催し，親子で同じメニューのスパゲッティを提供し，両方に「美味しい」と言わしめた。プロの料理人の所以である。

　教師は教えるプロであるから，勉強が苦手な生徒も，また得意な生徒も，同じ"メニュー"（教材）で，双方が意欲的で，しかも，わかる授業をつくることが大切である。そのためには"学力差"のない教材や発問，そして，討議課題が不可欠である。

　「社会科の授業は，誰もが主人公になれる」。ある研究会での若手の先生の発言である。社会科は，教材や内容の工夫ですべての生徒が参加できる"学力差のない授業"が可能である。深い教材研究で臨んだ知的興奮のある授業では，子どもの目も輝いている。授業とは，いわゆる低学力の子どもも含めすべての生徒が参加し，思考・判断できるものでなくてはならない。

　「主体的」「対話的」な「深い学び」が提唱されている。いわゆる「できない子」は，往々にして学習意欲がなく「非主体的」であり，話し合いにも参加せず「対話」も難しい。そこから「深い学び」などはとてもおぼつかない。しかし，意欲的に追究したい教材や授業改善により，ユニバーサルデザイン型授業が可能である。授業では一気に意欲を高める"すぐれネタ"がある。そのネタが単元のねらいと合致すれば，"わかる"授業へと転化する。"すぐれネタ"を開発し，授業に活かすことで，"学力差のない"授業が可能になる。すべての生徒の目が輝く授業をつくることは，プロである教師の責務であり，教える内容を子どもの目線で紐解く眼力が問われている。

2017年2月　　　　　　　　　　　　　　　　　　　　　　河原　和之

目次

はじめに　3

第1章　地理のネタ開発と授業づくり　7

1 ネタ開発と授業のねらい　8
（1）興味・関心が高まり教室が活気づくネタ　8
（2）知識・理解につながるネタ　9
（3）社会のしくみに迫るネタ　10
（4）一つの事実を地理的に考えるネタ　11
（5）多面的・多角的に考察できるネタ　12

2 アクティブ・ラーニングによるリアルタイム授業
　～"爆買"の授業～　14
（1）"爆買"って何？　14
（2）"爆売"する中国　15
（3）「復活」を遂げる中国　16
（4）なぜ今"爆買"？　17
（5）"爆買"実践から考える地理学習
　　　～アクティブ・ラーニングを踏まえて～　18

第2章 へっ！そうだったんだ！「世界の姿」ウソ・ホント？授業 19

1 [方法] 地球儀で遊ぼう〜緯線ルーレットゲーム〜 20
2 [方法] 地球儀で学ぼう〜都市間の距離を測定する〜 22
3 [方法] 一筆書きで世界地図に挑戦！ 24
4 [習得] メルカトルの錯覚にだまされるな［方位］ 26
5 [習得] メルカトルの錯覚にだまされるな［面積］ 28
6 [習得] キルナの鉄鉱石の輸出港（北大西洋気候） 30

第3章 「世界の諸地域を知ろう」ウソ・ホント？授業 33

7 [習得・活用] 人口・面積から考える中国 34
8 [習得・活用] インドの世紀はやってくるか？ 40
9 [活用] 最大の農業国？〜オランダ〜 46
10 [習得] クイズで知るアフリカ 52
11 [習得] 人口分布から考えるカナダ 56
12 [活用] 移民の多いカナダ 59
13 [ミニネタ] あっと驚く！　アマゾン川 64
14 [習得・活用] 動態的にオーストラリアを学ぶ 65
15 [活用] オーストラリア！　ビール VS 自動車 70

第4章 へっ！そうだったんだ！「日本の姿」ウソ・ホント？授業 73

- 16 活用 考える「河川」の学習 74
- 17 ミニネタ 小・中学生がつくった地図記号 77
- 18 活用 2万5千分の1の地図から島の人口を考える 79
- 19 活用 市町村の合併はなぜおこなわれるの？ 83
- 20 習得 シリコンアイランドの過去と現在（九州） 86
- 21 授業方法 沖縄へのアンケート調査から基地問題を（九州） 89
- 22 活用 島根って，昔から人口が少なかったの？（中国四国） 93
- 23 習得 うどん・みかん，つまものから考える四国（中国四国） 99
- 24 方法・活用 本州・四国連絡橋の果たす役割（中国四国） 106
- 25 ミニネタ 奈良市1位は日航ホテル？（近畿） 110
- 26 ミニネタ 琵琶湖の恵み 112
- 27 活用 近畿地方の人口増減から見えてくること（近畿） 114
- 28 活用 飛び地北山村から考える地域再生（近畿） 119
  〜歴史と産業の変化から動態的に考える〜
- 29 習得 農業生産額日本一の市町村は？（中部） 124
- 30 ミニネタ でっかい北海道の寒い現実（北海道） 128
- 31 活用 人口を中核に北海道を考察する（北海道） 133
- 32 探究 すごい！ ステキ！ やさしい東大阪 138
  〜2019年W杯で東大阪をアピールしよう〜

おわりに 142

第 **1** 章

地理のネタ開発と授業づくり

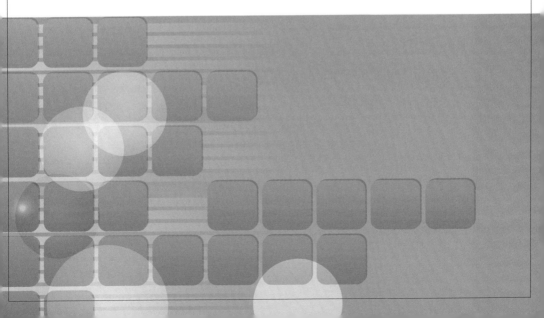

ネタ開発と授業のねらい

　「ネタ」は，学習意欲・興味・関心との関連で語られることが多い。だが，「楽しければいいのか？」「HOW TO的！」「どんな学力をつけるかが重要！」「思考力・判断力はどうなのか」といった批判がある。しかし，"意欲""興味・関心"は学習の基本である。"意欲"から"追究"が生まれ，その課題解決の過程で思考力・判断力が育つ。また，「ネタ」は「導入」というイメージが強い。「導入」で目が輝き，授業に入り込んでも「展開」段階で目が虚ろになるようでは，「導入」の意味がない。「展開」においても「ネタ」は不可欠である。授業は「ネタ」の連続で構成されなければ意欲は持続しない。したがって，「導入ネタ」「知識・理解ネタ」のみではなく，「展開ネタ」「まとめネタ」が必要である。つまり，「脈絡を読み解く」「社会のしくみを理解する」「本質に迫る」「背景をつかむ」「思考力・判断力を培う」ネタである。「ネタ」は「知る」ためだけではなく，「読み解く」「理解する」「迫る」「つかむ」「培う」ネタでなくてはならない。

　ここでは，①興味・関心ネタ，②知識・理解ネタ，③社会のしくみに迫るネタ，④1つのことから広がるネタ，⑤多角的・多面的に考察できるネタの5類型を示した。

（1）興味・関心が高まり教室が活気づくネタ

〇大潟村に旅行したおり，大潟富士という日本一低い富士を見学した。標高0m？？　だが，高さは3776。「？？？　富士山？」という子どもの声。写真を提示する。人工でつくられた大潟富士の高さは3m77cm6mmである（笑）。あまり発展性はないが，興味をひくネタで教室は活気づく。
〇世界地理は書籍から発掘するネタが多い。EU統合の単元で，統合の苦労を楽しく考えさせるネタだ。ベルギーはカカオマスのみでないとチョコレー

トと認めていない。でも EU に加盟すると，いろんな国がいろんなチョコレートを製造している。ベルギーは，カカオマスのみでないとチョコレートとは認めないと主張したが，この主張は認められなかった。
○ビールは，ベルギーとドイツでは，純粋な成分のものしか認めていなかったが，欧州司法裁判所で発泡酒も認めるよう命令された。
○宝くじをドイツ人がオランダからイギリスにむけて郵便で販売を勧誘しようとしたら，イギリスが，そんなものを販売するなと欧州司法裁判所に訴えたが認められなかった。こんなエピソードは，楽しく，教室に和やかなムードが漂う。

（2）知識・理解につながるネタ

　修学旅行の下見のおり，K 旅行社から聞いたことである。山中湖のホテルマウント富士がちょっと変わった企画をしている。「富士山の頂上が 1 分以上見えなければ宿泊費が無料になる」企画である。この企画は，1 年中やっているのではない。さて何月だろう？　富士山は太平洋岸にあるから，冬は降水量が少なく，1 日中山頂が見えないという日は少ない。富士頂上が見えなかったのは，3〜6 日程度である。ここから太平洋岸気候の特色（冬は降水量が少なく，夏は多い）が，楽しく印象深く理解できる。知識と結びついたこんな楽しいネタは授業の軸になる。

　世界のマクドナルドは，恰好のネタである。インドのハンバーガーは，ヒンズー教ゆえに，牛肉が使われていない。サウジアラビアでは，1 日 5 回礼拝のため閉店する。また，男女別々の席が設けられている。家族席はあるのだろうか？　こんな興味もわいてくる（家族席はある）。オーストリアでは「スキースルー」が，ノルウェーでは「ボートスルー」がある。また，「1990 年に急激に店舗が増えた国がある。さて？」これは「ドイツ」である。東西ドイツの統一で東ドイツに店舗が増えた。

　この教材は，東京のマクドナルドミュージアムでの現地取材やネットにより発掘した。知識・理解と結びついたネタは，"楽しくわかる" 授業になる。

（3）社会のしくみに迫るネタ

　映画「ET」の撮影用自転車を作った会社が大阪にあるので，生徒と取材に行った。教室くらいの広さの事務所に，自転車が1台あった。社長さんは，中国からの安価な自転車の輸入攻勢にふれながら，「この自転車は，オーダーメイドで50万円はします。安価な自転車は，海外で生産しています」との話。また，ハンドル作成の技術を生かして，高齢社会に対応した"買い物カー"をつくっている会社もある。日本製品の生き残り策は，「高価だが高品質」「環境・福祉に配慮した製品」などにシフトしてきている。「ETの自転車」から，日本の産業構造の変化，社会の変化に対応した企業努力が垣間見える。
　東南アジアの次の5つのエピソードはどうか？

① シンガポールでは，ガソリンの半分以上が入っていないとマレーシアの国境を通過できない。それはなぜか？
② また，ゴミのポイ捨てやガムも禁止して，街の景観を守っているのはなぜか？
③ フィリピンでは，全人口の1割以上がアメリカを中心とした海外に出稼ぎに行く。それはなぜか？
④ カンボジアの人口ピラミッド，30～35歳の人口がかなり少ない。それはなぜか？
⑤ GDPの高いブルネイは，いずれ石油はなくなる。将来に備えてブルネイがしていることは？
　以上のような"なぜ疑問"を軸に授業を組み立てる。
　①「シンガポールのガソリン代はマレーシアと比較し，高価なので，ガソリンを入れるためだけに国境を渡るのを防ぐため」，②「小国で資源もないので，魅力的で安全な街づくりをすることで多くの企業を誘致するため」，

③「アメリカの植民地であったので，英語が話せること，出稼ぎにより稼ぎ，家族に仕送りする。また，こんなことからフィリピンにはコールセンターが多い」，④「内戦時代にポルポト政権により多くの知識人が虐殺されたから」，⑤「石油資源の恩恵に甘んじることなく"持続可能な発展"を考えている。液化天然ガスからのメタノール生産やバイオ産業の振興など産業構造の転換に取り組み，観光産業にも力をいれ，世界各国からの観光客の誘致にも取り組んでいる。遊園地，美しいモスク，熱帯雨林でのエコツーリズムなどを企画している」

また，ミャンマーが，他のアセアン諸国と比較して経済発展が遅れた理由に，アウンサンスーチーさんの軍の支配に対する抵抗が一つの要因になっている。軍はアウンサンスーチーさんを軟禁状態にするが，この軍のやり方に対して，各国がミャンマーに対して経済制裁をおこない，経済発展が遅れるという皮肉な事態になった。ミャンマーでは2015年12月，日本の協力もあり，証券取引所がつくられた。ミャンマーは，"タンス貯金"から"銀行預金"を経ずに"投資"の経済へと飛躍的な一歩を踏み出した。

エピソードから社会のしくみや変化が見える，こんなネタは，授業を深め発展させる。

(4) 一つの事実を地理的に考えるネタ

テレビ番組で"お肌美人"日本一（2015年）は島根県だとのデータが紹介されていた。(株)ポーラの公式サイトによると「島根県は水蒸気密度が全国9位と高く，日照時間が全国11位と短いため，美肌を保ちやすい」と。また，喫煙率が全国で最も低いのも一つの要因だ。そして，島根県にある"玉造温泉"のお湯もお肌美人に貢献している。青森県も注目に値する。日照時間が短く，年平均湿度が高いが，美肌度は，14位である。青森県は，平均気温が低く1位の座を奪われたようだ。また，テレビ「所さんの目が点」では，しじみに含まれている"オルニチン"にも美肌効果があると放映されていた。調べてみると，島根県はしじみの消費量は全国1位，年間1643gで群を抜い

ている。

ちなみに，ワースト1は群馬県であるが，"からっ風"が影響している。気候，社会的要因，しじみの消費量，そして観光地から，多面的に"お肌美人"の要因を分析することができる。

ジャマイカの陸上競技が強いわけを考える。100m世界記録者ボルトをはじめ，世界陸上やオリンピックでメダリストを多く輩出するジャマイカ。この要因を地理的に考察してみる。歴史，自然，学校文化，それぞれの要因が陸上大国をつくっている。具体的には，国民の9割は植民地時代に，ナイジェリアなど西アフリカから連れてこられた奴隷の子孫であり，体型や基礎体力が優れて誕生する。また，陸上競技はジャマイカの国技であり，学校の授業は体育ではなく陸上競技である学校文化と，長い通学距離が脚力を鍛える。

ボルト選手は，ブルーマウンテンという高山で脚力を鍛え，幼いころからヤムイモを食べていたとのことである。自然条件や食料が，陸上競技に必要なハムストリングなどの筋肉を鍛える。歴史的条件，社会的条件，学校文化に「陸上」が根付いている。

興味ある事実を動態的に分析する地理学習であり，授業の導入で扱うことも可能である。

（5）多面的・多角的に考察できるネタ

静岡県は，日本有数のお茶の産地である。また，和歌山，愛媛県と競合しつつ，みかんの栽培も多い。どうして，この2つの生産が盛んになったのか？

歴史的背景を中核に，自然条件なども加え考察する。導入は，十数年前まで走っていた東海道本線のツートンカラーの電車である。「この電車の色は何色と何色か」と問う。答えは「茶色」と「緑色」である。それはなぜか？

これは，静岡県で生産が多い「お茶」と「みかん」を表している。茶樹は

年平均気温13〜22.5度で育ち，親潮が流れ比較的温暖な静岡の海岸沿いが適している。しかし，摘葉時期の低温には大きな影響を受けるので，防霜ファンを設置して地表近くの空気に風を送り霜が降りるのを防いでいる。歴史的にはどうだろう？　京都，奈良も含め，寺の多いところは昔からお茶の生産が多い。静岡県は，寺院数が2631寺と全国9位である。お隣の愛知県は，4649寺で日本一である。愛知県は戦国時代に戦乱が多く，多くの人が亡くなった。また戦国大名が茶を愛用したのも大きい。したがって，お隣の三重県の生産高も全国3位と多い。

　このように元々生産が多かった静岡県のお茶生産の追い風となるのが，江戸幕府15代将軍慶喜の幽閉である。慶喜は茶の栽培を奨励するとともに，失業した士族の仕事保障として安倍川中流域から牧の原へと拡大した。

　また，江戸時代に大井川の"渡し"として活躍した人々が，明治時代に失業し茶栽培に携わった。みかん栽培は明治中期からおこなわれた。みかん栽培は，茶価格の変動に伴うリスクを回避するため，明治中期に和歌山県から苗木を導入し，静岡市清水区ではじめられた。

　以上のように，「茶」「みかん」の栽培の多い理由を，自然条件や歴史条件を踏まえ多面的・多角的に分析していくことが大切だ。

　以上のように，1つの事例を多面的・多角的に分析しておくと，他の事例においても応用することが可能である。いわゆる"転移する学力"である。青森のりんごは士族の失業対策，長崎のじゃがいも（2位）は，江戸時代の貿易の窓口であったという歴史的条件，また，和歌山の梅は，江戸時代，米作りの不適であった土壌ゆえに商品作物として開発したことによる。

　世界地理はどうか？　オーストラリアでは1901年に相反する（？）2つの政策が行われている。一つは女性の参政権，そして，有色人種移民を排斥する白豪主義である（白豪主義は1970年に撤廃）。「どうして，このような政策をおこなったのか？」それは，人口と，1850年代にメルボルン近くで発見さ

れた金鉱と関連している。オーストラリアやニュージーランドが世界に先駆け，女性の参政権を認めたのは，人口が少なく，世論が少しでも政治に反映するようにという理由からである。白豪主義は，金鉱の発見により，アジアや中国からの移民が増えることを防ぐためである。

興味関心に根差し，自然，歴史，社会，経済などを軸に多面的・多角的に考察できるネタである。「うそっ！」「へっ！」「そうだったんだ！」と，"驚き"から"知的興奮"が生まれる教材発掘が大切である。

2 アクティブ・ラーニングによるリアルタイム授業～"爆買"の授業～

"流行語大賞"は，その時代の様相を反映する。2015年は"爆買"だった。この言葉を切り口に，社会科を学ぶことの意味を考える。

(1) "爆買"って何？

キャリーバッグにいっぱい商品を詰め込み授業に臨む。バッグから，薬や電気製品などを出し机に並べる。

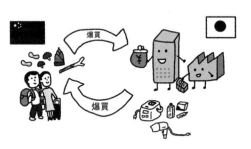

T：「爆買って何か？」
S：「中国人が日本製品をいっぱい買い込むこと」

「薬や電気製品が多い」「日本製品は信頼されてるから」など，自然と会話が弾む。

"爆買"について感想を聞く。「日本経済が潤う」という声もあるが「大挙押し寄せて騒然としている」「礼儀が悪い」「自分たちが買いにくくなった」

「自分の国で買えばいい」「お金があるからってやりすぎ」「昔は貧しい国だった」と悪評が多数。
＊キャリーバッグ持参の導入はインパクトが強い。"爆買"についてはマイナスイメージが多いが，この認識を揺るがすことが授業のねらいである。

（2）"爆売"する中国

T：「"爆売"って言葉を知ってる？」
S：「……」
T：「こんな言葉はないよ。（笑）でも中国は"爆売"をしています」

> **Q グループ クイズ** 今から紹介する電気製品のなかで，中国が世界一の生産台数のものはどれか？
>
> 　　　　カラーテレビ　パソコン　DVD　デジタルカメラ
> 　　　　携帯電話　カーオーディオ

談笑しながら選んでいる。
　正解は「すべて」である。「先生ずるい！」の声。
カラーテレビ（40.8％）　パソコン（98％）　DVD（55.5％）
デジタルカメラ（71.7％）　携帯電話（60.4％）　カーオーディオ（29.2％）
　また，日本は中国から農作物を"爆買"している。次の資料を提示する。

▶ **輸入に占める割合（2011年度）**

たけのこ（98.5％）	しいたけ（90.2％）	ねぎ（99％）
まつたけ（76.3％）	落花生（81.8％）	ごぼう（95.5％）

　「日本も"爆買"してるんだ」「輸入に占める割合だけど，中国に頼ってる」「ちょっとは考えが変わった」「中国と仲が悪くなるとヤバイ」等の声。
＊"爆買"に対するイメージに変化がでてきた。事実を知ることから，認識が変化しているのがわかる。

（3）「復活」を遂げる中国

中国は昔から貧しかったのか？　西暦1500年から，ほぼ100年刻みのGDPの変化を記入する用紙を配布する。

> **グループ作業** 16世紀以降，中国が世界のGDPに占める割合を色塗りしよう。

A……1973年までは停滞，2001年は10％
B……徐々に増えてきて2001年は20％
C……1500年は多いが，その後停滞し2001年には20％
D……1500年は50％，以下は徐々に減り，2001年は40％

年	0% 10 20 30 40 50 60 70 80 90 100
1500	約25％　インドも25％
1600	30％　アジアで50％超
1700	約25％　100年変化なし
1820	30％　中国全盛期
1870	約15％　英が増えアジア激減
1913	約10％　米が増える
1950	約5％　米が30％弱
1973	約5％　日本は10％弱
2001	約12％　EU約22％　米約20％　アジア約12％　日本約7％

S：「中国は昔はいっぱい生産していたんだ」「アジアで50％って驚き」「なぜ中国やインドは減ってきたのか知りたい」「1870年からイギリスがなぜ増えてきたのか」「アメリカが1950年から増えてきたのは納得」

T：「アジアは，18世紀前半までGDPの世界に占める割合は50％を超え，とくに中国は単独でも20〜30％を占めていた。なぜ中国のGDPが減ってきたのか？　それは，欧米諸国の半植民地になったからです」

（4）なぜ今"爆買"？

「なぜ中国は，"爆買"をするように（できるように）なったのか？」
【ダイヤモンドランキング手順】
①個人で思いつくまま考え，9個程度の意見を書く。
②グループで，個人の意見を参考にダイヤモンドランキングで考える。
③グループごとに発表する。

＊個人の意見例

品質がいい	価格が安い	免税
中国にないものがある	近い	信頼がある
健康診断が正確	対応がいい	珍しいものがある

豊かな人が増えた	仲良くなったから	中国製品が悪い
品数が多い	高級志向になった	オリンピックがあった
交通手段の発展	ツアーを企画した	スマホ

＊ダイヤモンドランキングの例

順に「かなり大きい要因」「大きい要因」「あまり影響はない」。

	富裕層が増えた	
日本への考え方の変化	日本の宣伝	中国製品への不信感
	免税	

	日本の製品の品質	
日本に近く格安運賃	価格が安くなった	最先端の製品
	サービスがいい	

もっとも大きい要因は「中国富裕層の増加」「日本製品の品質」との意見である。そして，「領土問題の鎮静化」「免税」「日本に行きやすくなった」

「日本のデフレ傾向」との意見が続く。他に,「円安」そして,「スマホの普及」がある。スマホにより安全・精巧な日本製品の情報が流れ,多くの人が,買い物を旅行者に依頼した。

(5) "爆買"実践から考える地理学習～アクティブ・ラーニングを踏まえて～

第一に,"爆買"という言葉をほぼ全員が知っていることが,すべての生徒が授業に参加する前提である。また,自由に発言できるテーマ設定とクイズ,発問,討議課題が"全員参加"の授業をつくる。

第二に,"爆買"の背後にある「みえないもの」を探究していることである。社会科は,日常生活や社会事象にある「みえるもの」の背後にある「みえないもの」を探究する教科である。"爆買"を歴史的背景,日常生活との関連を踏まえ考察することが大切である。

第三に,知的興奮と深まりというアクティブ・ラーニングにかかわることである。アクティブ・ラーニングは方法論ではなく,内容論からの知的興奮ある深い学びが不可欠である。本実践では"爆買"という社会事象の背景を,中国の工業製品生産や日本との貿易,そして,GDPの歴史的な変遷から考察している。

第四に,社会的事象に関心をもち,多角的・多面的に考察し,公正に判断する能力と態度を養い,社会的な見方や考え方を培っている。"爆買"へのマイナスイメージが変化している。

協働の学びを通して,異見と異見のぶつかり合いから,価値判断・意思決定する,こんなアクティブ・ラーニング授業をつくりたい。

【参考文献】

- 『世界の諸地域NOW 2013』帝国書院
- 『最新世界史図説タペストリー』(2016年度改定案内) 帝国書院
- こどもくらぶ編『調べる！47都道府県―生産と消費で見る日本』同友館,2011

第2章

へっ！そうだったんだ！「世界の姿」ウソ・ホント？授業

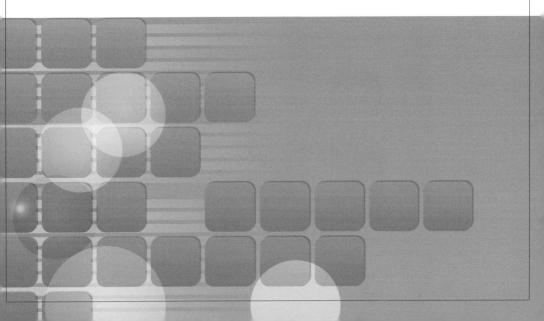

方法

地球儀で遊ぼう
～緯線ルーレットゲーム～

地球儀を使い楽しく学習する。緯線ルーレットゲームでワクワクしながら緯線について学ぶ。

1 1回戦：北緯ルーレットゲーム

教室に地球儀を1個持参する。

> **説明** 緯線ルーレットゲームをします。地球儀を回し，先生の指で停止します。その箇所は北緯何度か？ グループで相談しなさい。1位のグループは10点，以下8点と2点刻みで点数を与えます。ピッタリ正解のグループは20点です。

＊ゲームは5回くらいが適当である。もう少しゲームをしたいという時に終了するのがいい。

「はーい！ それではいきます」「さあ！ 何度でしょう‼」「うーん！ それでいいかな？」「ファイナルアンサー？」などの声をかけながら楽しい雰囲気を醸成することが大切である。

2　2回戦：南緯ルーレットゲーム

説明　次は南緯です。同様におこないます。今回は1位は20点。以下15点と5点刻みになります。ピッタリ正解のグループは30点です。

＊南緯は，かなり下方（緯度が高い）のほうでも緯度が低いケースが多く，前半戦は，間違うグループが多い。北緯と合わせ10回程度おこない，合計点を競う。

▶得点表

		予想	正解	得点
北緯	1回			
	2回			
	3回			
	4回			
	5回			
南緯	1回			
	2回			
	3回			
	4回			
	5回			
	合計			

　活動や体験そしてゲームを通じて得た知識は，なかなか忘れない。そして，知識も定着する。

方法

地球儀で学ぼう
～都市間の距離を測定する～

東京とロンドンの距離はいくらか？　パリとペキンは？　など，大まかな距離を地球儀と紙テープを使い測定するゲームである。

1　東京とロンドンの距離は？

測る 1（グループに地球儀と紙テープを渡す）東京とロンドン間の直線距離はいくらか？　紙テープを使い測定しよう。

　紙テープをそれぞれの都市の箇所に置き，定規で長さを測っているグループ。「日本列島の長さは何kmだったかな？」と言いながら，日本列島に紙テープを当てながら考えるグループ。東京と大阪の距離から考えるグループなど。

2　北極と南極の距離から測る

T：「東京と大阪に紙テープを当て測定しているグループがありました。距離は約500kmです。東京とロンドンがその何倍か，距離を測定しているグループがありました。なかなかいい方法です」

測る 2　北極と南極の距離は約2万kmです。この数字をヒントに，距離を測定しよう。

　北極と南極間にテープを当て，「これが2万kmだから，だいたい3分の2かな？」「だいたいはダメだろう」など言いながら測定している。しかし，なかなか正確な答えはでてこない。

T:「北極と南極の距離は約2万kmだから,20等分すると,1メモリは約何kmになりますか?」
S:「約1000km」
T:「そうだね! 紙テープを20等分に折れば,その長さは,約1000kmになります」
S:「そうだ! 半分だと約1万km。それを10等分した紙テープで測定すればいいんだ」

3 いろんな距離を測定しよう

測る 3

① 東京とロサンゼルス
② 東京とヘルシンキ
③ ロンドンとブラジリア　など
④ カイロからペキンとブエノスアイレス,どちらが近いか
⑤ ニューデリーからニューヨークとパリ,どちらが近いか　など

　地図帳と地球儀の違いを意識しながら測定できる課題設定をおこなうことが大切である。

3 方法　一筆書きで世界地図に挑戦！

歌を歌いながら，世界地図の略図を書き，楽しく大陸名や海洋名を覚える。

1　"うさぎとかめ"で世界地図の略図を

世界地図をじっくり2分間観察させ，地図帳を閉じる。

> **書く**　今から黒板に"うさぎとかめ"の歌に合わせて世界地図を書いていきます。みなさんも，それを見ながらノートに書きなさい。

① もしもし　かめよ　かめさんよ　世界のうちで　ユーラシアほど
　 面積広いものはない　どうして，そんなにでっかいの
② な〜んとおっしゃる　ユーラシアさん　あなたはヨーロッパといっしょでしょう
　 向こうのアメリカ大陸まで，どちらが先にかけつくか
③ どんなにマゼランが急いでも，パナマ運河にゃ勝てないよ。
　 インドでちょっと一眠り，グーグーグーグー
④ これは寝すぎたしくじった。一気にイギリスからアフリカへ，
　 ピョンピョンピョン　最後は四角でオセアニア
　 南極　忘れちゃだめですよ

2　ポイント整理

① ユーラシア大陸は一番広い面積をもち，アジアとヨーロッパを含む。

② 南アメリカ南端のマゼラン海峡とパナマ運河を確認する。「太平洋」の命名はマゼランであり，波が「太平」であったことに由来している。
③ アフリカの最南端は，"喜望峰"であり，ここが陸地の最南端であったことが，大航海時代のヨーロッパにとってどれほどの高い価値をもった事実だったかを，"喜望峰"の意味とともに説明する。
④ "最後は四角でオセアニア，南極忘れちゃだめですよ"と歌い，南極大陸は，資源など共同管理していることにも触れる。

3 世界地図の略図を書こう

世界地図の略図を生徒に書かせる。
（1）説明抜きに教師が一人で歌う。アクションをいれ，机間巡視しながら歌う。その後，クラス全員で大きい声で歌う。教師が歌いながら，白紙の紙に一筆書きをさせる。
（2）グループで，もっとも正確に書いた代表6名をでてこさせ，黒板に，みんなの歌に合わせ一筆書きをさせる。どの作品がもっともすばらしいか挙手させる。
（3）6大陸名と3大洋を書き，暗記させる。楽しい授業で，もちろん寝たり，騒ぐ生徒もいない。笑いもおきる。前にでて黒板に書くのを嫌がる生徒もいない。歌いながら，一筆書きで6大陸と3大洋を暗記することもできる。授業終了後も，口ずさむ生徒もいる。（笑）

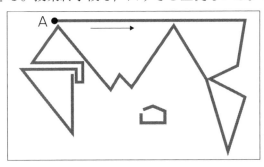

習得 4 メルカトルの錯覚にだまされるな［方位］

　メルカトル図法を使い、日本から東に行くと、アメリカに到着する。しかし、実際は、南アメリカのチリである。なぜそうなるのか？ 球体を平面に表す地図には、それぞれ有効性と課題のあることを理解させる。

1　東へ歩いて行くと

　教室に方位磁石を持参する。「東はどちらか？」と問い、チョークで東を示す箇所に印をつける。

> **発問** この方角に先生が歩いて行くと、どこに到着するでしょう。

- S：「壁を突き抜けるのですか」「海も歩くのですか？」などという突っ込みも。（笑）
- T：「そうです！　歩いて行きます」（笑）実際に歩く。
- S：「ロサンゼルス」「やっぱ、アメリカ合衆国のどこかだな」「チリ」「ブラジル」と答える生徒も。

2　大阪中心の「正距方位図法」

　大阪中心の「正距方位図法」を投影機で示す。

- T：「この地図は、図の中心からの距離と方位が正しい地図です。最短距離がわかり、方角が正確なので航空機などに使います」

> **発問** この地図で見ると、大阪の真東はどこですか。

- S：「南アメリカのチリ」

> T:「チリで地震がおこったときに，日本にも津波がやってきたのも，この理由によります」

　地球儀を教卓に置き，東の方角に指でたどる。見事に，チリに到着する。「先生！　緯線に沿って動かさなきゃ」という突っ込み。

> T:「地球ってのは，少し傾いているんだよ。だから地球儀もそのように作られているよね。だから，このように真東に行くと，南アメリカに到着することになります」

説明　メルカトル図法が正しいのは「経線」からの角度であって「方位」ではない。方位磁石を見て東の方角に指をさすと，その先には南アメリカがある。しかし，方位磁石を持って，常に方位磁石が東をさすほうに進むと，北アメリカに到着。

3　距離を比較する

グループ討議　メルカトル図法を使い，日本から「アフリカのナイロビ」「イタリアのローマ」のどちらが近いか考えよう。

　「ナイロビが地図上では近そうだけど，そんな単純な問題は出題しないよ」（笑）なんて言いながら，多くのグループは「ローマ」という答え。
　地球儀を使い確かめる。メルカトル図法では，日本から「ローマ」より「ナイロビ」のほうが近いように見えるが，実際は，「ローマ」のほうが近い。
　地図と地球儀を使い，遊びながら，球体を平面に表す難しさや，地図の効用について考える。

5 習得 メルカトルの錯覚にだまされるな［面積］

よく目にするメルカトル図法の地図ではロシアやグリーンランドが大きく示されている。あれって，本当なのか？

1　グリーンランドとオーストラリアの面積

Qクイズ（メルカトル図法で）グリーンランドとオーストラリアのどちらが広い？

　圧倒的に「オーストラリア」。理由を聞くと「オーストラリアは大陸だから」「この地図の面積がおかしい」など。地球儀で確かめると，圧倒的にオーストラリアが広い。

T：「どうしてか」
S：「地球は球体だから，平面に直すと，緯度が高いほど面積が広くなる」

2　面積の広いのはどこの国？

T：「これから，ヨーロッパ2か国，アフリカ1か国，東南アジア1か国，南アメリカ1か国，そして日本の6か国の面積比較をします。どんな国が出題されるか予想して，しっかり地球儀を見ておいてください。時間は2分です」

　地球儀を回収し，地図帳の世界全図の箇所を開く。メルカトル図法の地図からフィンランド，イタリア，ジンバブエ，日本，タイ，パラグアイの国土を切り，グループに渡す。

Q クイズ 6つの国を国土面積の広い順に並べかえなさい。

ヒントを順次与えていく。
① メルカトル図法では，高緯度が実際より大きく示される。
② パラグアイは，ジンバブエより広い。
③ この6か国のなかで一番広いのは，タイ。

A 答え

ア	フィンランド	338.4（km²）	イ	イタリア	301.3
ウ	ジンバブエ	390.8	エ	日本	377.9
オ	タイ	513.1	カ	パラグアイ	406.8

3 メルカトル図法とは？

そして授業のまとめである。地図帳に掲載されているのはメルカトル図法で，おもに海図に利用されることを説明し，この図法のいい点と課題のある点を整理させる。

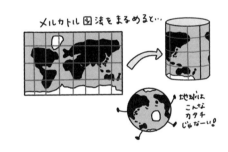

＊ いい点
・見慣れているので，わかりやすい
・地図上の2点を結ぶ直線が，経線に対して等しくなる

＊ 課題のある点
・距離と，方位もおかしい　・高緯度になるほど形が不正確になる
・高緯度になるほど面積が大きくなる

「ふーん！　なるほど」という感じで授業が終わる。"みえるもの"の背後にあるものに気づき，ちょっとした"科学する"ことの楽しさを体感してくれれば，この授業は成功である。

6 キルナの鉄鉱石の輸出港（北大西洋気候）

習得

　スウェーデンのキルナの鉄鉱石は，ドイツをはじめEUの各国に輸出され，自動車産業の原料として使われている。ところで，この鉄鉱石は，どこの港から輸出されているのだろうか？　この問いから，ヨーロッパの気候について考える。

1　鉱山の輸出港

　次は，北欧の地図である。スウェーデンのキルナでは鉄鉱石が産出される。この鉄鉱石は，次の地図のどの港からEU各国に輸出されるのか？

S：「いちばん近いルレオ港」「貨物車で運び，ストックホルム港から輸出する」

T：「常識的にはルレオ港だね。でも北緯65度にあり港が凍るから，冬はルレオ港からは輸出は無理なんだ」

S：「でもストックホルム港も北緯60度にあるよ」

T：「冬は道路も凍結するし，港は凍るということで，どうして輸出するのでしょうか？」

S:「……」
T:「答えはナルビク港です。地図帳で探してください」

探そうとするが、なかなか見つからない。「先生ないよ」「ない」の声。

T:「ナルビクはノルウェーです」
S:「へっ！ どうして？？？」

2 なぜノルウェーの港は冬でも凍らないのか？

説明 北緯60度から65度に位置するバルト海（ボスニア湾）は、冬は気温が低く、海も凍ってしまいます。過去において不凍港を求めて、ロシアが中国まで南下したのもそれが理由です。夏はルレオ港から鉄鉱石を輸出しますが、冬はお隣のノルウェーのナルビク港から輸出されます。

★ 考えよう ナルビク港は、ルレオ港より北にあるにもかかわらず、なぜ港は凍らないのか？

S:「北にあるのに？？？」「でも北極より南極のほうが気温は低い」
T:「それは南極は陸地だったからだね。ノルウェーもスウェーデンも陸地だよ」
S:「暖流」
T:「そうだね。ノルウェーの沿岸は北大西洋海流という暖流が流れていて、凍ることはないのです。『北』の気温が低く、『南』が高いというのは、『常識』ではないということです。イギリスは日本よりかなり北にあるにもかかわらず、平均気温は日本より高いのも、同様の理由です」

「へっ！」「うそっ！」「ホント？」と驚きと知的興奮のある授業である。北は寒く、南は暑いという認識を転換させるネタである。

第 3 章

「世界の諸地域を知ろう」ウソ・ホント？授業

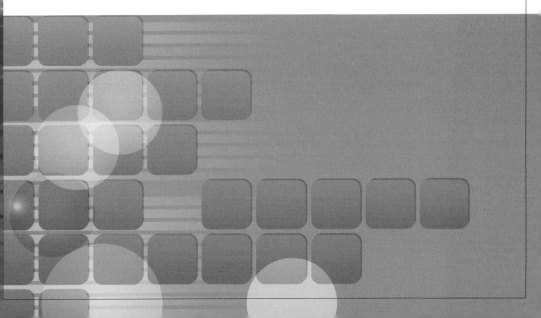

7 人口・面積から考える中国

習得・活用

中国を人口と面積から多面的・多角的に考察する。人口13億人とはいったいどういう規模なのか？ どの地域に多いのか？ "一人っ子政策"が廃止されたが，その理由は？ また，そのゆくえは？

1 人口約13億5404万人（2012年）って

Qクイズ1 2005年1月6日，中国で13億人目の中国人が生まれた。ここ7年の人口増加数の5404万人という数は，オーストラリアの人口より多いか，少ないか？

答えは「多い」。オーストラリアの人口は2262万人（2013年）で，2つ以上のオーストラリアの人口が生まれたことになる。

Qクイズ2 中国では代表的な19姓で人口の大部分を占めている。同じ姓名の人が3000万人いる。ベスト5に入る姓を書こう。ちなみに1位は「李」である。

答えは，李　王　張　劉　陳　趙　黄　周　呉　徐がベスト10である。
ちなみに名前は，英　華　玉　秀　明　珍　文　芳の順である。男性でいちばん多いのは「李　英」，女性でいちばん多いのは「李　華」になる。

T：「19の姓で，人口の何％でしょう」
S：「30％」
　「50％」
T：「そうです。19の姓で人口の55％を占めています」

> ★ **考えよう** 名前のベスト8を紹介しましたが，10字で人口の5分の1を占めているといわれます。このように同姓同名が多いと困ることは？

- S：「学校で名前を呼んでも誰かわからない」「郵便物が不明」「医者に行って名前を呼ばれても，多くの人が診察室に行く」（笑）
- T：「笑ってすませられないこともあるね」
- S：「薬を間違ってもらったら大変」「指名手配で間違って逮捕」
- T：「同姓同名を悪用した詐欺事件や，容疑者として間違われた例もあるようです」

2 面積960万平方キロメートルって？

> **Q クイズ** 中国の面積は日本の約25倍だが，1人あたりの面積は，世界平均より大きいか，小さいか？

なかには計算している生徒もいるが，大部分の生徒は適当に答えている。答えは「世界平均より小さい」。

> **Q クイズ** 沿岸部面積は国土面積の1割未満である。沿岸部への人口集中度は何％か？　　20％　30％　40％　50％

答えは「40％」（正確には38％）。

- T：「中国は東西に広がる国なので，西と東では60度以上ある。『経度差15度で時差1時間』という計算から考えると，国内に標準時は4以上ある。しかし，東経120度に標準時子午線を統一している。同じ午後7時でもペキンはすっかり日が暮れているのに，ウルムチでは，まだ十分明るい。反対に午前7時の出勤時間でも外は暗い」

＊ウルムチの午前7時と午後7時の写真を紹介する。

3 人口・民族に関する問題

グループ 討議 次のグラフは，男女の出生比である。なぜ，このようになるのか？ その理由を考えよう。

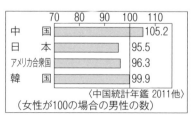

〈中国統計年鑑 2011他〉
（女性が100の場合の男性の数）

＜あるグループの討議＞

「普通は女性のほうが多いよね」「女性のほうが死亡する確率が高い？」
「一人っ子政策と関係するのでは」
「一人だったら男性のほうがいいと思うかも」「どうして？」
「働き手になる」「まだ女性は家庭って考えかな」
「妊娠した時に女性ってわかれば，流産させるとか……」
「ひどいよな」「男尊女卑の考えがまだある」

説明 中国の90％は漢民族だが，55の少数民族が住んでいる。また，中国では民族や地方によってさまざまな言語が存在する。そのため，中国紙幣はいろんな言語が印刷されている。また，共通語として，ペキン語の発音を基準につくられた言語が教えられている。この共通語を「普通語」という。

中国の民族構成

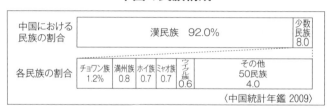

〈中国統計年鑑 2009〉

> ★ **考えよう** 少数民族に対しては，一人っ子政策への適用外，入学・就職・昇進などの面で優遇政策がおこなわれている。具体的には，高校や大学での加点などである。この政策についてどう考えるか？

> S:「やっぱり平等にしなきゃ」「でも言語が異なるのだから入試などでは不利かも」「就職試験も不利」
> T:「言葉や言語が異なるってことはいろんな場面で不利益を被るよね。だから，いろんな政策をおこない少数民族へのケアをしています」

4 マイクロディベート"一人っ子政策"廃止

> ★ **考えよう** 2015年の一人っ子政策廃止の是非について考えよう。

(1) 参考資料：≪一人っ子政策の優遇と罰則≫

＜子どもが1人の場合＞
・奨励金が支給される ・託児所へ優先して預けることができる
・保育費の補助 ・学校優先入学，学費補助 ・優先して就職
・住宅の優先配分 ・年金が加算

＜子どもが2人以上の場合＞
・罰金がとられる ・夫婦とも賃金をカットされる ・託児費や学費の補助が少ない ・医療費や出産入院費が自己負担 ・昇給，昇進が停止

(2) "一人っ子政策"のメリットとデメリットを考えよう（一例）

【メリット】
・子どもが大切にされる ・食料が確保しやすくなる
・人口が減り，家庭や国の支出が少なくなる

【デメリット】
・女性の子どもが流産させられたりする ・人口が減る
・労働力が減り経済に影響を与える ・わがままな子どもになる

（3）マイクロディベート

【手順】 ストップウォッチを用意し，授業に臨む。

① 個人で"一人っ子政策廃止"の「メリット」「デメリット」を3つ以上書く。（5分）

② 個人で賛成と反対の意見をまとめる。（5分）

③ クラスを3人ずつのグループに分け，肯定側，否定側，ジャッジのすべての役割をする。ジャッジは，＜9対1＞＜8対2＞＜7対3＞＜6対4＞で，その理由も含めておこなう。

④ マイクロディベート

　＜肯定側立論＞肯定側の意見を述べる。（1分）
　＜否定側立論＞否定側の意見を述べる。（1分）
　＜肯定側質問＞否定側から肯定側への質問。（1分）
　＜否定側質問＞肯定側から否定側への質問。（1分）
　＜ジャッジ＞理由を述べジャッジをする。（1分）

＊以上を3回繰り返す。時間は15分で終了する。最後に18点を獲得した生徒に挙手させる。

＜肯定側立論の例＞

私は賛成です。なぜなら，中国は世界の工場といわれるように，経済的に発展してきています。しかし，人口が減ると働く人すらいなくなります。近い将来，インドにも抜かれそうです。また，日本同様，高齢社会をむかえ，高齢者が増えるとその人たちを支えられなくなります。若い労働力人口を増やすためにも"一人っ子政策"は廃止してよかったです。

＜反対側立論の例＞

私は反対です。中国は世界一の人口を抱えています。人口が多いということは，食べ物を確保することがたいへんです。中国は今，工業国として世界に認められてきており，農民も工場で働く時代になりました。農作物確保はますます難しくなります。また，人口が増えると，教育や生

> 活で国などの支出が増えます。中国はまだまだ貧しい国で，多くの税金が期待できないうえに，人口が増えることはよくありません。確かに，"一人っ子政策"で支出が多いこともありますが，人口はこれからも減らしていかなくてはなりません。

＊ディベート終了後，新聞記事などを紹介し，中国当局のねらいや課題等を確認する。

例：中国の国家衛生・計画生産委員会（要旨のみ）

【メリット】
・将来の潜在経済成長率を0.5％引き上げる効果がある
・2人目を産む夫婦が増え，労働人口の減少が緩やかになる
・9千万組の夫婦が2人目を産むことができる
・2050年には労働人口が3千万人以上増加する
・高齢者の人口に占める比率が約2ポイント下がる

【デメリット】
・人口が多いため資源や環境への負荷が大きくなる

　姓名や男女の人口構成そして少数民族への政策から，中国の人口に関する現状と問題を理解する。また，2015年に廃止された"一人っ子政策"の是非について，マイクロディベートを通して多面的・多角的に考えた実践である。

【参考文献】
・筧武雄他『中国のことがマンガで3時間でわかる本』朝日香出版社，2008
・園田茂人編『はじめて出会う中国』有斐閣アルマ，2013
・『世界の諸地域NOW　2014』帝国書院
・『アドバンス中学地理資料』帝国書院

習得・活用

8 インドの世紀はやってくるか？

宗教, 食, 紙幣, 位置, 教育, 歴史などから, インドを多面的・多角的に分析し, インドへの自動車産業の立地条件について考える。

1 歌で覚えよう！ インドの面積と人口

いきなり歌を歌う。「汽車の歌」の替え歌である。

> ♪面積広いは, ロシアにカ（ナダ）, 中国, アメリカ, ブラジルだ！ インドは6位と広いんだ！
> ♪人口多いは, 中, イン（ド）, 米, インドネ（シア）, ブラジル続きます。1位の中国, 一人っ子, インドは12億と伸びてます。
>
> ※（　）内は歌では略す。

クラス全体に何でも言っていいんだという雰囲気を醸成する。

2 インドの食事と宗教

> T：「インドの食事といえばカレー。種類が多く, 食材の他に, ウコンやパプリカ, レッドペッパーなどの香辛料もたくさん入っています」

発問 どうして, インドでは香辛料が多く産出されたのか？ その理由を気候から考えよう。

> S：「気温が高い」「雨が多く降る」
> T：「高温多湿かな。また, 多く作られるようになったのは, 15世紀にヨーロッパの国々が, それを求めてインドにやってきたからです」

> **Q クイズ** インドのマクドナルドのハンバーガーには牛肉が入っていません。さて，何が入っているのでしょう？

「鳥」「魚」「羊」など。答えは鳥で，「チキン」。

> T：「ヒンズー教徒は，神聖な牛の肉を食べない。牛の糞は川岸などに大量に干している。それは燃料として使われ，日本での炭のような役割をしている。スラムや路上生活者は，電気やガスを使えないことが多いので，カレーを作るのに最適の燃料になる。高級料理店でも使っているようです。また，左手は不浄で，右手で食べます。左手で体の一部を触るなどというのはとんでもないことです」

3 インドのお金から多民族国家を考える

インドのお金には，15種類の表示がされていることを確認する。

> **Q クイズ1** インドで生活する民族の数は？
>   A　10程度　　B　20程度　　C　30程度
> **Q クイズ2** インドで使われている言語の数は？
>   A　約100　　B　約50　　C　約10

答えは①C，②Aである。インドは「多民族，多言語国家」であることを確認する。インドの国会では，人口の多い公用語であるヒンディー語などと英語により議論することも紹介する。

> **Q クイズ** お金の表（次ページ）の肖像は誰ですか？

「ガンジー」という答え。意外と知っている。

T:「ガンジーって何をした人かな？」
S:「カレーの発明」「革命をおこした」「インドを救った」
T:「インドはどこの国の植民地でしたか」
S:「イギリス」
T:「ガンジーはイギリスから独立するために奮闘しました。どんな方法ですか」
S:「戦争」「革命」「差別をなくす」
T:「非暴力によって抵抗しました」「インドはイギリスの植民地であったことで，よかったことがあります。何か？」
S:「生活が豊かになる」「工業が発展する」
T:「う～ん！　そうかな。イギリスだよ……」
S:「英語がしゃべれる！」

4 インドの位置

★考えよう　インドは，東経75度にあります。それでは西経75度はどこの国か？

S:「アメリカ」
T:「アメリカにはロとサのつく都市名があるね。どこかな？」
　「ロサンゼルス」「サンフランシスコ」と即答。
T:「この2つの都市には〇〇バレーがあるね」
S:「シリコンバレー」
T:「シリコンバレーというIT産業の盛んな都市があります」

> ★ **考えよう** このように，インドはアメリカとは反対側にあります。それによって，IT関係の会社にとっていいことがあります。さて何？

> S:「季節が逆」「それは北と南半球だ」
> 「地面を掘ったら到着できる」(笑)「それはやらないだろう」
> 「時間が逆になる」
> 「アメリカで寝ている時にインドで仕事できる」
> 「24時間営業が可能」
> T:「つまり，同じ会社で，インドとアメリカが協力しながら24時間営業ができるのです」

5 インドの教育とインフラ事情

インドには，総合大学30校，単科大学1200校，高等教育機関があり，就学者は1161万人である（2008年）。

> **Q クイズ** ①小学校算数。へっ！ そんなことまでするんだ！ さて？
> ②ムニ・インターナショナル・スクールではヒンディー語が公用語で，1年から4年までは何語が必修か。
> ③ 好きな教科と聞くと，大多数が2つの教科を答える。何と何？
> ④ へっ！ インドでは日本にあるあの授業がない！ さて何？

① 2ケタまでの掛け算の暗算というのはよく知っている。
② 日本語だが，英語という答えも多い。
③ 2教科とも正解はない。答えは「数学と理科」。
　ここからIT産業が盛んになった教育の背景を確認する。
④ 「体育」「音楽」「美術」「道徳」「総合」など多様な意見。答えは「美術」。
　JICAに取材したところ，理数教育中心で，美術は時間的にとても難しいとの返答。

📷 **フォトランゲージ**　下の機械は何か？

- S：「ピアニカみたい」「絵が描いてある」
- T：「電子投票機ですが，写真中のマークみたいなのは何かな」
- S：「何かのデザイン」
- T：「これは政党のシンボルマークです。日本では政党や個人の名前を書いて投票しますが，インドではどうしてシンボルマークなのですか」
- S：「それが政党の特色をよく表しているから」「字が読めないから」
- T：「インドでは字を読めない人がいるので，選挙でもシンボルマークを使っています」

Q クイズ　インドの識字率は次のどれでしょう（2011年）。
　　　A　54％　　B　74％　　C　94％

意見は分かれる。答えは，Bの74％。

★ **考えよう**　この機械は電池，それとも電力，どちらで動くのか？

答えは二分する。電池で動くことを言う。

- T：「どうして電池なのか」
- S：「持ち歩けるように」「すべての家に電気がない」
- T：「家で投票しないだろう」（笑）
- S：「電気が通っていない地域がある」
- T：「そうだね，インドではまだまだ電力が供給されていない地域があるんだ」

デリー市内の道路事情の写真（略）から。

- T：「なぜ，こんなに渋滞するのか？」
- S：「牛がいるから」「日本車が多いから」「道路が少ないから」

T:「インドの道路舗装率は50%です。道路事情は,産業発展のうえでまだまだ不十分です」

6 君はインドに自動車会社をつくるか

グループ 討議 インドの現状から考え,君ならインドに自動車会社をつくりますか？（黒板に0〜10の数直線を書く）10段階で考えてください。

10……人口も多いし,しかも若者が多いし資源も豊富。
9……貧困層が多く,まだまだだがこれから中間層が増える可能性がある。何といっても理数教育がしっかりしている。
　そして,反対の0の意見から聞いていく。
0……道路は舗装されていないし,電気もないところもあり,貧しい人が多い。
1……字が読めない人がけっこう多いので働く人が心配。
　また,比較的高い数字のグループに聞く。
7……若者も多く,働く人や自動車購入者には問題ない。確かに富裕層のパーセントは低いが,絶対的人口は多いから十分購入してもらえる。
7……道路や電気は問題だが,日本の政府にも協力してもらいながらやっていけば十分だ。
等の意見がでた。

　歌,紙幣,食べ物,学校,選挙などの"モノ"（？）から,インドの現実が学習できる。
　また,獲得した習得知識を活用しながら,インドに自動車会社をつくるべきか議論し,思考・判断力を培い,地理的経済的見方・考え方が育っているのがわかる。

活用

9 最大の農業国？〜オランダ〜

オランダは，面積が日本より狭く，人口も少ない。しかし，農業生産額は年々増加しており，1人あたりの農地面積も生産額も高い。その理由と，今後の日本の農業について考える。

1 オランダと日本

「球根」「パプリカ」の実物を提示する。オランダから日本へ輸出されているものであることを確認する。

> **Q クイズ** 次の数字は，日本とオランダに関する数字である。どちらがオランダか？
>
> ① 人口　1億2700万人／1680万人
> ② 面積　37万8千km²／4万1500km²
> ③ 人口密度　447人／338人
> ④ 農地面積　4万5千km²（12％）／1万8千km²（44％）
> ⑤ 1人あたりの農地面積　12.97ha／1.59ha
> ⑥ 1人あたりの生産額　86千ドル／6千ドル

A 答え ①1680万人 ②4万1500km² ③447人
④1万8千km²（44％） ⑤12.97ha ⑥86千ドル

> **グループ 討議** ここから，オランダってどんな国ですか？

A　面積は狭いが農業の盛んな国
B　国の面積の半分が農用地である農業国である
C　面積は狭いのに1人あたりの農地面積は広く，生産量が多い

46

2 自給率は低いが輸出が多いオランダ

> ★**考えよう** 次の表は「おもな国の食料自給率」である。日本とオランダの似ているところと異なるところを考えよう。

	小麦	いも類	果実類	肉類	牛乳・乳製品
イタリア	54	63	107	76	67
スペイン	47	62	153	120	74
フランス	194	124	62	100	116
ドイツ	150	122	32	108	115
オランダ	25	210	32	175	178
イギリス	99	85	5	67	76
アメリカ合衆国	189	96	72	112	101
日本	11	76	38	54	65

自給率（％）
※日本のみ2011年，ほかは2009年の自給率〔平成23年度食料需給表〕

- S：「果実や小麦の自給率が少ない」
- T：「日本よりパンをよく食べるよね。原料の小麦は」
- S：「輸入している」
- T：「日本は小麦や穀物は輸入に頼っているけど，主食のコメは自給できてるよね」
- S：「いも類や肉類は倍くらい余裕がある」「輸出してるんだ」「偏って農業生産しているみたい」
- T：「どういうこと？」
- S：「小麦とかは適当で，もうかるものを作り輸出している」
- T：「日本は？」
- S：「農作物の輸出は考えていなくて，かろうじて食料確保しようとしている」

> **Q クイズ** オランダは，何かに特化して生産し輸出する品目を作っています。
> 例えば2011年「野菜栽培面積ベスト３」は，日本は「トマト」「ほうれんそう」「イチゴ」です。この３品目で，全野菜の37.3％を占めています。オランダは「トマト」「パプリカ」「キュウリ」がベスト３ですが，この３品目で，野菜の何％を占めているか？
> 　　　　　　　約70％　　　約80％　　　約90％

答えは「80％」で，輸出品目に力を入れ，３品目で79.8％を占める。

> **Q クイズ** 次のランキング！　オランダはどれか？

農産物・食料品輸出国別ランキング（2012年）

１位	アメリカ	14億1808万ドル
２位	？	9億3321万ドル
３位	？	8億3398万ドル
４位	？	8億2108万ドル
５位	？	7億4553万ドル
６位	？	6億5246万ドル
（日本　4618万ドル　55位）		

正解はほとんどない。このような認識の転換は，学習意欲を喚起する。オランダは「２位」。

それぞれ，３位……ドイツ，４位……ブラジル，５位……フランス，６位……中国。

3 農業加工国オランダ

線を引こう 次のオランダの輸出入の表で、お互い関係しているもの、また同じものに線を引こう。「原材料と加工品」は「→」、「同じ品目」は「－」で表しなさい。

オランダの農畜産物・食品等の輸出入額（2009年、上位20品目）

【単位 100万ドル】

順位	輸入品目	輸入額
1	カカオ豆	2,076
2	大豆粕	1,938
3	パーム油	1,312
4	大豆	1,282
5	調理済み食品その他	1,254
6	ワイン	1,143
7	小麦	1,004
8	牛肉	946
9	練り菓子	778
10	トウモロコシ	770
11	ブドウ	768
12	タバコの葉	764
13	チョコレート製品その他	762
14	チーズ（牛全乳）	760
15	缶詰鶏肉	723
16	ノンアルコール飲料	709
17	菜種	682
18	アルコール	680
19	調理済み果実その他	610
20	鶏肉	608

順位	輸出品目	輸出額
1	タバコ	3,088
2	調理済み食品その他	2,911
3	チーズ（牛全乳）	2,728
4	牛肉	2,019
5	大麦ビール	1,921
6	大豆粕	1,768
7	鶏肉	1,714
8	食品残さ	1,680
9	トマト	1,569
10	チョコレート製品その他	1,328
11	冷凍馬鈴薯	1,312
12	ココアバター	1,291
13	ノンアルコール飲料	1,233
14	パーム油	1,170
15	豚肉（骨・油なし）	1,087
16	練り菓子	1,038
17	シシトウ、ピーマン	978
18	幼児用食品	891
19	鶏卵	782
20	豚肉（骨・油あり）	767

順に指名し答えさせる。（答えは略）

「→」は4個、「－」は7個あることを確認する。

考えよう このことから、オランダの農業貿易に関する特色は何か？

S：「他国から農作物を輸入して輸出している」「なんかせこくない？」

T：「まあ、多少のリベートはとってるよね。中継貿易と考えたほうがいい。いろんな国々から集めた農作物を、EU はじめ他国に輸出す

S：「カカオ豆をチョコレートに製品化している」「タバコの葉からタバコにしているのが1位だ」
T：「次の農作物の輸出入からそのことを確認しよう」

4 なぜこのようなことができるのか？

グループ討議 なぜオランダは，農業輸出国として発展してきたのだろうか？

A：「EUの港であるユーロポートがあることと，よく売れる農作物を栽培しているから」
B：「EUの真ん中の位置にあり，大河川ライン川の出口にあり貿易がしやすい」
C：「EUという絶対的な仲間がいることが大きい」
D：「苦手な農作物はさっさとあきらめ，輸出に特化した農作物を栽培している」
E：「小さい国で，しかもヨーロッパの大国のなかで生き残る方法をうまく考えた」
T：「すべて正解です。EUの中心の位置にあり，最大の貿易港であるロッテルダムを持っているので，EUだけではなく，アフリカからの輸入に対応できます。しかも船便が格安です。ICTを生かし，農産物価格に常にアンテナを張り，貿易の情報を手に入れています。また，オランダの農業就業者数は減少しています。農業経営の大規模化と他産業への労働力移動により，農業就業者の1人あたりの生産量が増えています。また，オランダは，最先端の農業技術を保有し，単位面積あたりの収量が多い。トマトで，日本は1000m^{2}あたり20トン。一方，オランダは，70トン以上とる。極端に限られ

た種類の農作物を，大規模な施設で大量生産している」

　オランダを授業で扱うことは少ない。だが，オランダ農畜産業から日本の農畜産業の在り方を考えることができる。また，リカードの貿易概念である「比較優位」説から，自由貿易とは何かを考える有効な教材でもある。だが，その条件は異なる。島国である日本と，EUの港であり国際河川ライン川が流れる地理的条件に恵まれたオランダを同様に考えることはできない。しかし，オランダの位置とEU統合の意義を考えることができる優れた教材である。

【参考文献】
・一瀬裕一郎『オランダの農業と農産物貿易』農林中金総合研究所，2013
・『地理データファイル』2013年度版，帝国書院
・『世界の諸地域NOW　2015』帝国書院

10 習得 クイズで知るアフリカ

アフリカの自然や国土を日本との関係で楽しく学習する。

1 広いアフリカ

> **Q クイズ** アフリカは8000kmと南北に長い。それでは，アフリカ北端，南端と同じくらいの緯度にあるのは次のどれか？
> ① 北端：沖縄県　茨城県　北海道
> ② 南端：リオデジャネイロ（ブラジル）　ムンバイ（インド）
> 　　　　シドニー（オーストラリア）

> **A 答え**「沖縄県」と「シドニー（オーストラリア）」

> **Q クイズ** アフリカの面積は，約3037万 km^2。日本の国土がいくつ入るか？

> **A 答え**「80個」

2 台地と短い海岸線，内陸国が発展を妨害したアフリカ

　内陸国が多いことと，台地と短い海岸線がアフリカの発展を妨げたことを学習する。

> **Q クイズ** 地図帳から，アフリカの内陸国（海と面していない国）がいくつあるか。探してみよう。

　答えは「16か国」。

> ★**考えよう** 内陸国は，経済的に発展しにくいと言われています。その理由を考えよう。

S：「港がないと輸出入がやりにくい」「飛行機は？」「お金がかかるしアフリカには空港が少ない」「しかも，船が物資を運ぶのにいい」
T：「その理由は？」
S：「大量に運ぶことができる」「湖や川があれば貿易はやりやすい」
T：「そうだね。その証拠に，イギリスがアフリカのある国を植民地にした時，湖まで国境を延長したことがあるよ。その国を地図帳で探して！」楽しく探している。
→答えはカメルーンであり，チャド湖まで国境が延びているのがわかる。
T：「他に，内陸国によって経済発展がしにくい要因は？」
S：「隣の国との関係が悪いと，トラックでも輸送できない」
T：「とくに，アフリカでは隣国が政情不安だと通ることさえ難しいね」
S：「輸送品をとられたりする」「運ぶ時に殺されるかも」
T：「また，国境を通過する時の関税や，道路の通行料金を徴収されることもあるね」

地図帳で探す アフリカ地図帳を見て，200m以下の平野はどれくらいの面積を占めているか？

S:「海岸沿いの数％」「大部分が1000m以上」
T:「標高500m以上の台地はアフリカ全体の何％くらいか？」
S:「70％」「80％」
T:「約60％が台地です。海岸近くまで台地が迫っていますね。多くの川が海の近くで急流や滝となっています。これはマイナス要因です。具体的には？」
S:「港がつくれない」「河川を交通手段にできない」
T:「海岸線の特色はどうかな？ ヨーロッパと比較して考えてみよう」
S:「まっすぐ」「ヨーロッパのノルウェーはフィヨルドで複雑な海岸」
T:「アフリカの海岸線は凹凸が少なく，海岸線の長さは，面積が３分の１以下のヨーロッパよりも短い」
S:「このことからも，港がつくりにくい」
T:「内陸国が多いことと，台地と短い海岸線がアフリカの発展を妨げたともいえますね」

3 ペンギンもいるアフリカ

発問 アフリカの気候というと、どんなイメージを浮かべる？

「暑い」「砂漠」「草原」など。

T:「世界一広いサハラ砂漠があるので，砂漠気候でしょうか？ それとも、いろんな野生の動物が生息しているので，草原が多いステップ気候でしょうか？ アフリカの中心部を赤道が走っています。ということは熱帯雨林気候なのでしょうか？ アフリカの気候の特色について考えよう」

クイズ アフリカの気候の特色とは何だろう。次のなかから正しいものを選びなさい。

ア　砂漠が多く，赤道直下なので年中暑い
　イ　赤道を挟み南北に長いので，いろんな気候が併存している
　ウ　地中海に面した北アフリカは温暖だが，そこから南は，砂漠気候や熱帯である

S：「アじゃない？　アフリカといえば砂漠と暑いがキーワードだ」「イのように，すべての気候が併存してはいないとは思うけど，赤道直下とそれ以外の地域ではかなり異なると思うよ」
　答えは「イ」。
T：「地図帳の『世界の気候』のページを開いてみよう。大げさに言うと，アフリカの気候は"赤道を中心とした南北対称の気候"です。赤道を軸に折り返すと，同じ気候帯が重なるという面白い気候風土になっている。北半球の地中海から見ていくと，地中海性気候（夏乾燥）→ステップ気候（草原）→砂漠気候→ステップ気候→砂漠気候→サバナ気候（まばらな樹木と草原）→熱帯雨林気候（降水量が多く年中暑い）→サバナ気候→ステップ気候→砂漠気候→ステップ気候→地中海性気候→西岸海洋性気候（南アフリカ共和国の一部）と，いろんな気候が併存しています」

Q クイズ　このような気候なので，最南端の南アフリカのケープタウンには，驚くべき生物が生存しています。何でしょう？

S：「マンモス」「象」「それは驚かない」（笑）「トラ」「ペンギン」
T：「ケープタウンペンギンが生息しています」

　ジャングルのゴリラ，サバナのライオン，不毛の地砂漠というアフリカの自然，熱帯や乾燥帯で，裸同然で生活しているアフリカの生活というイメージを変換させたい。また，アフリカを地政学の観点から考察し，地理的な見方・考え方を培いたい。

第3章　「世界の諸地域を知ろう」ウソ・ホント？授業

習得 11 人口分布から考えるカナダ

カナダの人口はアメリカ国境近辺に集中している。このことから，カナダの自然やアメリカとの関係について考える。

1 カナダの面積と人口

教室に，カナダから日本に輸入されている「メイプルシロップ」を持参する。また「クリスマスツリー」も多く輸入されていることを確認する。

Q クイズ カナダの面積は世界2位で，日本の（　　）倍と広い。カナダは世界最長の海岸線をもつが，直線に延ばせば赤道を（　　）周できる。人口は3500万人で世界37位。（　　）に当てはまる数字は？

A 答え 「26倍」「6周」

2 国旗から考えるカナダ

★ 考えよう カナダの国旗の左右の赤と中央の白は，カナダの自然を表しています。それぞれ何か？　中央の葉っぱは何を表しているか？

A 答え ①左……太平洋　右……大西洋　中央……北アメリカ大陸
② "かえで"で，フランス系住人を含めた統合

3 人口分布から考えるカナダ

地図帳で探す カナダの人口の多い都市や州を言いますので，地図帳で探し，記入しなさい。

A 答え 「オタワ」「モントリオール」「トロント」「ケベック」「バンクーバー」「ノバスコシア州」「ケベック州」「マニトバ州」など

Q クイズ カナダでは，アメリカとの国境から250km以内に，何％の人が住んでいるか？　　85％　90％　95％

A 答え 「95％」

★考えよう どうして，人口の95％がアメリカとの国境沿いに集中しているのか？

S：「北は寒いからでは」「やっぱり暖かい南のほうが住みやすい」
T：「カナダは冷帯に属しています。首都オタワは世界で2番目に平均気温の低い首都です。1位はどこか」
S：「モスクワ」「ヘルシンキ」「オタワ」
T：「モンゴルのウランバートルです」
　「低温なので，カナダではどんなスポーツが盛んですか」
S：「カーリング」「ラクロス」「アイスホッケー」
T：「アイスホッケーはカナダの国技です。先住民族のイヌイットは，ラクロスとカヌーをしていました」
　「ラクロスが盛んな理由は？」
S：「寒いから，室内でできる」
　「アップなしでもできるスポーツだから」
T：「長く厳しい冬と，安全な結氷のできる河川や湖沼が各地にあり，冬季は農閑期で余暇人口が多いことが要因です」

T:「他に要因は？」
S:「アメリカと関係が強い」「イギリス連邦では？」

★ **考えよう** カナダとアメリカは、それぞれが最大の貿易相手国である。輸出入の金額がどれくらいの割合か考えよう。
（参考）輸入　EU11.2%　中国11.1%　日本2.9%
　　　　輸出　EU7.0%　　中国4.6%　　日本2.4%

黒板に書きに来させてもいい。そういう変化が必要だ。

T:「カナダがアメリカとの関係で占める輸入の割合は52.1%、輸出の割合は75.5%です（2012年）」
「人口の4割近くが集中するオンタリオ州と2割強のケベック州で工業が盛んです。森林資源にも恵まれ、新聞用紙の生産が世界一ですが、それもアメリカに輸出されています。またアメリカの自動車メーカーはカナダに進出しています。カナダとアメリカは深く結びついています」

　カナダの人口分布から、気候とアメリカとの関係を学習できるネタである。「どうして国境近くに95％の人口が集中しているのか」という課題は、学習意欲を喚起するとともに、習得知識を獲得するうえでも有効である。

【参考】
・立命館大学の村田清香氏の模擬授業（2015年）をヒントにした。

12 活用 移民の多いカナダ

カナダは移民の国である。先住民族イヌイットはもちろん，イギリス系，フランス系住民の共存のための施策をおこなっている。また，海外から多くの移民を受け入れている。なぜ多くの移民を受け入れているのか？　「移民」をキーワードにカナダを考える。

1　先住民とフランス人との出会い

　フランス・イギリス人が入植するまでは，先住民が住んでいたことを理解させるとともに，その歴史を興味深く学習する。

> **Qクイズ**　2006年のカナダの国勢調査によれば，先住民は約117万人である。カナダの人口の何％か？　そのうちファーストネーション（インディアン）が約60％を占めている。

　順次，指名していく。人口から考えている生徒もいるが，大部分は当て勘で答えている。答えは「4％」。
　ケベック州とは，先住民の言葉「川幅の狭くなるところ」からとったというエピソードも紹介する。

> **グループ討議**　先住民は，ビーバーを中心とした毛皮動物を捕獲して生活していた。そこにフランス人がやってきた。彼らが持ち込んだものは以下のようなものである。1つは，大いに役立ち，1つは先住民の生活を狂わせた。この2つは何か？
>   　釜　くし　毛皮　鏡　（　　　　　）（　　　　　　）

A　鉄砲・タバコ　　B　ナイフ・麻薬　　C　ナイフ・チョコレート

答　え　「ナイフ」と「アルコール」

カナダの北方に住むイヌイットの生活を紹介する。

連邦議会のすぐ下を流れるオタワ川は，真冬に氷結し，マイナス20度以下の日々も普通である。雪に覆われた白い議会は，冬のオタワの風物詩である。雪に埋もれた寒い季節に熱い政策論が闘わされる。イヌイット（エスキモー）が約４％で，北方に住み，遊牧や狩猟生活をしている。下の写真は，きつねを狩るイヌイットである。

◆**発問**◆　イヌイットの移動手段は，犬ぞりからあるものに変わった。何か？

・スキー　・スノボ　・電動そり　など。

答　え　「スノーモービル」

◆**発問**◆　先住民族の人権が認められたのは1940年代からである。それは，何によってか？

S：「何か法律がつくられたから？」「アメリカの圧力」
T：「1939年から何があったか考えてみよう」
S：「戦争？」「第二次世界大戦」
T：「第二次世界大戦への協力によって，その人権が認められます」

2 2言語国家カナダ

カナダにはイギリス系とフランス系の住民が居住している。

1982年憲法で「英語及びフランス語は、カナダの公用語であり、連邦議会及び連邦政府のすべての機関における使用言語として、対等な地位と権利及び特権が認められる」と規定され、その共存が確認されている。

<○×クイズ>
① 英語とフランス語の2言語を習得するよう義務づけられている
② オタワでの議会での討論はどちらかの言語でおこなうが、必ず同時通訳がつく
③ 国道の標識、切手や貨幣にいたるまで2か国語の表示がされている
④ 空港や駅では2か国語でアナウンスがある
⑤ バンクーバーオリンピックの開会式では国歌が2か国語で歌われた
⑥ 連邦公務員が管理職になるには2か国語を話すことが不可欠である
⑦ 公用語を話す能力は、英語が多く85%を占めている

A 答え　①×　他はすべて○

カナダで販売されている即席めん

カナダ国歌も、英語とフランス語の2か国語があることを紹介する。

<カナダの国歌 「オー・カナダ」>

・フランス語版の冒頭

　「オー・カナダ！　わが祖先の地，汝の顔は栄光ある精華を帯びる……」

・英語版の冒頭

　「オー・カナダ！　わが故郷，われらが祖国，汝の息子すべてのなかに流れる　真の愛国心……」

3　移民人口比率の多いカナダ

説明　2006年度，カナダ総人口に占めるビジブル・マイノリティー（見てわかる少数民族）の割合が16％に達し，はじめて500万人を突破した。約4分の1は，インド，パキスタン，スリランカなど南アジア出身者で，約4分の1が中国系になっている。オンタリオ州は，近年の人口増加の3分の2が移民によるもので，カナダ第一の都市トロントの半分が移民である。

グループ　討議　どうして移民が多いか？　次の資料も参考にして，考えよう。

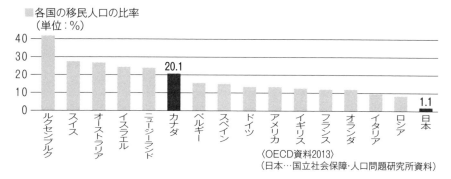

各国の移民人口の比率（単位：％）

ルクセンブルク、スイス、オーストラリア、イスラエル、ニュージーランド、カナダ 20.1、ベルギー、スペイン、ドイツ、アメリカ、イギリス、フランス、オランダ、イタリア、ロシア、日本 1.1

〈OECD資料2013〉
（日本…国立社会保障・人口問題研究所資料）

S：「自然も豊かで住みやすい」

T：「約40の国立公園と自然保護区がある」

S:「きれいなイメージがあり観光地も多いってことかな」
 「安全な感じがある」
T:「銃規制もされ，発砲件数もアメリカ合衆国と比較して少ない」
S:「高齢者が多くなってきて，元々人口が少ないので働く人が必要」
T:「という意味では日本も学ばないといけないね。しかし，日本では外国人をあまり受け入れようとしていないが，どこに違いがあるのだろうか」
S:「カナダは2言語だし，以前からいろんな人を受け入れようとしている」
T:「カナダ憲法15条には，"いかなる個人も人種，国籍，民族，肌の色，宗教，性別，肉体的・精神的障害の有無によって差別を受けず，法の下では皆平等である"と定められている」
S:「福祉制度は？」
T:「医療費は薬代を除き無料だし，家や土地の価格も，日本の都市部と比較しても安い」
 「カナダの事情としては，高齢化の進展と，広い面積の国なのに人口が少ない。そのため国内市場が必要なこと，また，労働力の確保が移民を受け入れる理由です。そのためにも法整備をして，外国人も住みやすい国づくりをしようとしているということです」

カナダは教科書の記述が少ない国である。しかし，多文化主義やアメリカとの自由貿易のなかでの対応など，日本が学ぶべきことは多い。

【参考文献】

・飯野正子・竹中豊編著『現代カナダを知るための57章』明石書店，2010
・田代靖尚『スポーツ語源クイズ55』講談社現代新書，2002
・『世界の諸地域NOW 2013』帝国書院
・『中学校 社会科のしおり』2014年度3学期号，帝国書院

13 あっと驚く！ アマゾン川

ミニネタ

桁違いに雄大なアマゾン川！ それを数字で体感する学習である。

・長さ：世界２位，約6500km（１位　ナイル川，6690m）
・流域面積：705万 km²（信濃川の約600倍）

Q クイズ（１）日本列島の稚内から鹿児島までとどちらが長いか？
（２）アマゾン川河口の街ベレン沖にある三角州の島の広さは？

　　　　　　九州　　北海道　　四国

（３）アマゾン川！　次の数字は？

① 60m

② 300km

③ 2.7cm

④ 5分の1

（４）2000年から2005年の１年あたりで森林面積は日本の面積の何倍くらい減少しているか？

A 答え

（１）アマゾン　（２）九州
（３）①もっとも水深の深い場所　②河口の幅　③1km下る落差　④世界の河川の水量に占める割合　（４）約９倍（310km²）

　単なるクイズ学習である。特に（３）の数字クイズは，いろんな回答がでてきて楽しく盛り上がる。

14 習得・活用 動態的にオーストラリアを学ぶ

オーストラリアの自然，歴史，産業を切手，紙幣，動物などから動態的に考える。

1 切手から見る位置，そして面積・人口

Q クイズ オーストラリアの切手です。？の部分が隠されています。この人物は何に乗っているのか？

S:「日本ではサンタはトナカイだ」「サーフィン」
T:「それはなぜですか？」
S:「南半球で日本とは季節が逆」
T:「つまり，オーストラリアは日本とは逆の南半球に属しているが，東経135度線が通っている」

Q クイズ
① 日本の面積の約何倍か？　　10倍　　15倍　　20倍
② 人口は約2000万人である。次の日本のどの都道府県の人口の合計とほぼ等しいか？　適切な都道府県に〇をつけよう。答えは前から順になります。
　東京都　神奈川県　大阪府　静岡県　愛知県　埼玉県

A 答え ①「10倍」　②「東京から静岡までの合計」

第3章 「世界の諸地域を知ろう」ウソ・ホント？授業　65

2 地名・国旗，羊から見る歴史

オーストラリアの国旗を示し，イギリス連邦の一員であることを確認する。
「ビクトリア湖」「ニューサウスウェルズ州」などを地図帳で探す。イギリスの女王や地名に関することがある。

> ★ 考えよう　1770年，イギリス人クックがシドニーに上陸。1788年にアーサー・フィリップが約1500人を率いてやってきた。そのうちの約半数が（　ア　）で，また29頭の（　イ　）が送り込まれた。（　　）に当てはまる言葉を考えよう。

アは難解なようだ。答えは「囚人」。イは「コアラ」「豚」などの解答だが，答えは「羊」。

エピソード　オーストラリア大陸に上陸したイギリス人が，後ろ足2本としっぽで立ち，おなかに袋を持つ奇妙な動物を見て，「あの動物の名前は何？」と聞いたところ，先住民のアボリジニーは「カンガルー」と答えた。「カンガルー」とは，アボリジニーの言葉で何？

「知らない」と返答をする生徒がいる。答えは「知らない」であり，教室は笑いの渦である（笑）。

> T:「なぜ1770年ごろにオーストラリアは流刑地になったのだろう？　当時のアメリカとの関係から考えてみよう」
> S:「……」
> T:「アメリカでは1776年にイギリスからの独立戦争を戦っています」
> S:「だから，流刑地がアメリカからオーストラリアに変わったんだ」

T:「どうして,ヤギでもなく豚でもなく羊なのか? オーストラリアの気候,イギリスの産業,オーストラリアとの距離から考えよう」
S:「羊は乾燥してても生きていける」
T:「当時のイギリスの状況は? 何とか革命というのがありましたね」
S:「産業革命」
T:「イギリスでは羊毛工業を中心に,世界で最初の産業革命がおこなわれました」
S:「それで羊が必要になった」
T:「あえてオーストラリアで飼うこともないのでは」
S:「面積も広いし気候も最適」「飼料も多い」
T:「オーストラリアとイギリスはかなり距離があるよ」
S:「羊毛は腐らないから大丈夫」
T:「つまり,産業革命を支えるために羊が送り込まれたってことだね」

3 1901年実施! 相反する2つのこと!

★**考えよう** オーストラリアでは1901年に相反する2つの政策が行われています。1つは女性の参政権,そして,有色人種移民を排斥する白豪主義です(白豪主義は1970年に撤廃)。どうして,このような政策をおこなったのか? それは,人口と,1850年代にメルボルン近くでの何かの発見と関連しています。

T:「女性の参政権が認められたのは?」
S:「女性ががんばっていたから」
T:「もっと単純な理由かな?」
S:「人口が少ないから」
T:「人口が少ないので,世論が政治に反映するようにと女性の参政権を認めた」

S:「白豪主義ってちょっとひどくない？」
T:「これも理由がある。1850年代にメルボルン近くでいいものが発見された」
S:「ダイヤモンド」「金」
T:「金鉱が発見された。そうなるとどうなるかな」
S:「移民が増える」
T:「アジアや中国からの移民が増えたんだね」
S:「それゃ来るわ」「そこで有色人種の移民を制限したんだ」

4　貿易から考えるオーストラリア・ニュージーランドの変化

★★考えよう　最近では，羊の飼育から牛や鹿の飼育へと変化している。2011年度には，オーストラリアでは人口の3倍，ニュージーランドでは人口の7倍を飼育している。しかし，1980年代では，ニュージーランドでは人口の22倍もの羊を飼育していた。このように変化したのはなぜか？　次のグラフから考えよう。

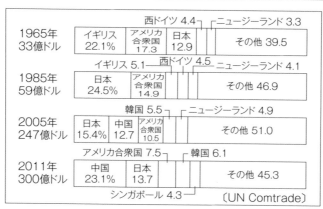

貿易相手国の変化

S:「イギリスとの関係が薄くなったから」
T:「どうして?」
S:「遠いから」「日本や中国との関係が強くなったから」
T:「なぜ,日本や中国との関係が強くなったのか」
S:「近いから」「日本や中国が経済的に力をもってきたから」
T:「全体の貿易額はかなり増えているよね」
S:「まあ,イギリスとも貿易はやってるんだ」
T:「しかし,羊毛の貿易額は減ってきている」
S:「イギリスでも最近は羊毛を着なくなった」「日本や中国ではセレブでないと羊毛のコートは着ない」「ユニクロで十分」
T:「地理的な関係などで,EUよりアジアとの関係が強くなり,羊毛があまり必要でなくなってきたってことかな」

動態的世界地理学習である。歴史,位置,気候,産業,他国とのつながり,人権等,さまざまな観点からオーストラリアを分析する。単なる知識理解ではなく,技能や見方・考え方,そして思考力を培う授業が大切である。

【参考文献】
・越智道雄『オーストラリアを知るための58章【第3版】』明石書店,2010
・井田仁康「羊の国・伝統と文化の継承」『社会科教育』2015年10月号,明治図書
・北村明裕『子ども熱中! 中学社会アクティブ・ラーニング授業モデル』明治図書,2015

15 活用 オーストラリア！ビール VS 自動車

オーストラリアに会社をつくる。ビール会社や自動車会社か？ どちらが成功するか。討論を通じて，オーストラリアの産業や自然を考える。

1 イラストから見るオーストラリア人の特質と産業

😊**イラストを描こう** 次は日本人の国際的イメージを描いたイラストである。「オーストラリア人」のイメージは？ オーストラリアの産業のイメージから想像しよう。

<日本人> 　　　　　　　　　　<オーストラリア人>

背広，ネクタイ，メガネをかけた
サラリーマン　　　　　　　　　　　　　　？

オーストラリアのサラリーマンは，現場労働者のイメージが強い。

2 紙幣から考えるオーストラリア

> **Qクイズ** オーストラリア2ドル紙幣（略）です。ここから，オーストラリアの産業を考えよう。表側には，オーストラリアを象徴する羊が描かれています。裏側には，ある農作物が表示されている。何か考えてみよう。

　答えは小麦であり，裏側の人物は，乾燥地帯でも栽培できる品種に改良した人である。

　グラフ（略）から，石炭や鉄鉱石が多く生産され，日本にも多く輸出されていることを確認する。

　また，人口が点在している内部の乾燥地帯では，"お隣まで2km"もの距離があり，学校も遠いので"無線"や"インターネット"による授業がおこなわれている。そして，医師や看護師が遠く離れた農場や居住地に向かい，治療や健康診断をおこなっている"フライングドクター"についても写真で紹介する。

3 会社をつくる！　ビール会社？　それとも自動車会社？

　希望に関係なく，アトランダムな2つのグループに分かれて，上記討議をおこなう。事前に作戦会議を10分程度とる。

- 🍺：「乾燥地帯が多いので，喉が渇いてビールをよく飲む」
- 🚗：「鉄道が発達していないので自動車が必要」
- 🚗：「人口密度が少なく，パラパラとしか人が住んでいないので，交流をもつためには不可欠」
- 🍺：「ビールの原料である小麦がとれる」

第3章「世界の諸地域を知ろう」ウソ・ホント？授業

- 🚗:「鉄鉱石も豊富にある」
- 🍾:「乾燥していて，しかも，汗をかく仕事が多い」
- 🚗:「仕事が終わった後は，疲れているから自動車で帰宅したい」
- T:「オーストラリアは乾燥帯がほとんどですが，西岸海洋性，地中海性気候など，多種多様な気候があります」
- 🍾:「いろんな種類のビールを販売できるってことだ」
- T:「ある日本のビール会社に取材したところ，多種多様なビールの種類があるとのことでした」
- 🚗:「ガタガタの路が多いから日本の技術が役立つ」
- 🍾:「それは逆！ ガタガタ路だと自動車は走りにくいし，町と町の間隔が遠いから航空機を利用すると思う」
- T:「日本の1人あたりのビール年間消費量は世界で38位，大瓶に換算すると72本。一方，オーストラリア人は8位，131本である（2011年キリンホールディングス発表資料）」
- 🚗:「やっぱり道路事情は悪いのですか？」
- T:「世界で道路がきれいな国は，アラブ首長国連邦，ポルトガル，オーストリア，フランスの順で日本は10位です。ちなみに，オーストラリアは43位で，段差や凹凸が激しく，場所によっては舗装道路なのかわからない。アスファルトにはいたる所に穴ぼこが開いていて，深さも3cmくらいの『段差』と呼べる程度から，10cmくらいの『陥没』もある。ちなみに，日産は1996年に，また三菱自工は2005年にオーストラリアから撤退しました」

オーストラリアの既習学習事項を活用しながら，「ビール会社か，自動車会社か？」を考えることで，オーストラリアへの認識を再考する授業である。

【参考文献】

・沢木サニー祐二『おバカ大国オーストラリア』中公新書ラクレ，2015

第4章

へっ！そうだったんだ！「日本の姿」ウソ・ホント？授業

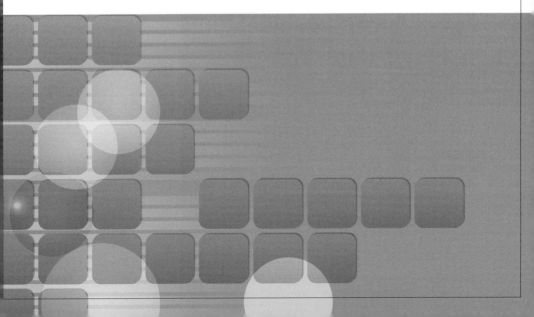

16 考える「河川」の学習

活用

「河川」の学習は、その名称と位置、そして長さと流域面積の広い川を学習するケースが多い。本学習は、川を切り口に思考力を培う授業の紹介である。

1 流域面積って何？

難しいのは「長さ」と「流域面積」の違いだ。教室に川の模型を持参する。板に土を乗せ、川らしきものを作っただけの模型だが、板を斜めにし、雨らしきものを降らせ、説明する。「流域面積」とは、降った雨がその川に流れ込む範囲をいい、隣の川との分水界が流域面積の境界になる。

Q クイズ すべての川の流域面積を合計すると、おおむね、どのような広さになるか？
ア　日本の面積　　イ　日本の面積の3分の2
ウ　日本の面積の2分の1

「ア」の日本の面積とほぼ匹敵する。

2 長い川と短い川

「長さ」1位から5位の川を地図帳で探す。すべてが東日本の川である。10位まで入れてもすべて東日本である。

地図帳で探す　西日本で長さが150km以上の川は，「熊野川」「吉野川」「斐伊川」「四万十川」「江の川」の5つだけです。地図帳で確認しよう。

★考えよう　どうして，西日本には長い川が少ないのか？

S：「南北の幅が狭いから」「中国地方と四国地方に分かれているから」
T：「面積に注目しましたね。正解ですが，東日本のほうが高い山や山脈が多いことも影響しています」
　全国に一級水系は109水系，二級水系は2723系あります。河川になると，一級河川は13994河川に対し，二級河川は7090河川です。一般的に一級河川は長いという特徴がある。

Qクイズ　県内に流れているのは一級河川ばかりで，二級河川がないのは何県か？　7県答えなさい。7県のうち2つは，埼玉県と長野県です。

　一級河川の特徴をつかんでいないと答えられない。生徒は2つの県の特色を想像しながら考える。

T：「2つの県に共通していることは？」
S：「海に面していない県」
T：「正解です。それでは，あと5県はどこでしょう？」
S：「群馬」「栃木」「岐阜」「奈良」
T：「あと1つは？」
S：「……」
T：「滋賀県です。内陸県を通る河川は，海までの距離が長く，一級河川のみになる」

★考えよう　二級河川のみの県は？　1つだけあります。

S:「海に面している面積の狭い県かな？」
「香川県」「愛媛県」「青森県」
「大阪府」
T:「淀川があります」
S:「沖縄県」
T:「沖縄県は東西の幅が10～15キロ程度ですから，一級河川はありません」

3 短いが流域面積の広い川

Qクイズ 淀川は，長さは，一級河川109水系のうち67位です。流域面積は何位ですか？

「10」「20」「8」など適当に答えている。

答えは「6位の十勝川についで8240km^{2}と，全国7位である」。

琵琶湖は周りを山に囲まれた湖である。したがって，琵琶湖に入る川は安曇川，能登川をはじめ437もある（そのうち一級河川は119）が，でていくのは瀬田川（のちに淀川になる）のみである。つまり，滋賀県のほぼ全域が淀川の流域面積に含まれるということになる。

川の長さや流域面積の順位を知るだけでなく，敷衍させて，川に関することを紐解くと，地理は，暗記教科から考える教科に変わる。これが地理を学ぶ楽しさである。

小・中学生がつくった地図記号

ミニネタ 17

地図記号は，消えたものや時代の変化とともにつくられたものなどさまざまである。また，平成17年に，国土地理院は「風車」「老人ホーム」の地図記号を，全国の小中学生に公募し定めた。地図記号を楽しむネタである。

1 地図記号の由来

 クイズ 次の地図記号の図案の由来について説明しなさい。

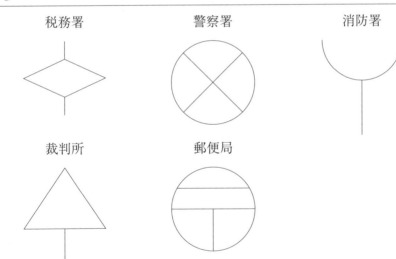

税務署は「そろばんの玉」というのは，すぐにわかる。他は難解である。「裁判所」については「頭にかぶる帽子」，「郵便局」は「ポスト」などという答えもある。

A 答え

税務署……そろばんの玉　警察署……昔の警棒を交差　消防署……火消が使った刺又　裁判所……昔の高札（掲示板）　郵便局……逓信局のテから

2　公募により決まった地図記号

Q クイズ 次の2つの地図記号は小中学生への公募によって決まった。何か？

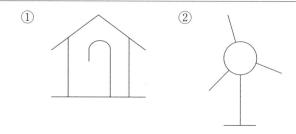

A 答え　①風車　②老人ホーム

　国土地理院は，「風車」と「老人ホーム」の新しい地図記号を，全国の小中学生から募集したデザインをもとにつくった。国土地理院が地図記号を外部から募集してつくるのははじめてである。時代の変化とともに，環境にやさしい風力発電用風車や高齢化社会の進展による老人ホームの建設が各地で進められようになり，新しい地図記号をつくる必要性がでてきた。一方，義務教育等の教育現場の児童・生徒たちに地図に対する理解を深めさせようと，この2つの記号を公募した。

【参考文献】
・『地図記号400』財団法人日本地図センター，2007

18 2万5千分の1の地図から島の人口を考える

活用

国土地理院発行の地図から，人口がどれくらいか考えるゲームである。人口を推測するには学校が目安になる。また神社や寺の数もヒントになる。地図をたよりに人々の生活を想像しながら，地図の学習を楽しむことができる。ここでは，「島」の人口を当てるゲームを紹介する。

1 琵琶湖沖島の人口

興味を喚起するために，琵琶湖にある沖島を紹介する。

> 沖島は，日本では，淡水湖に浮かぶ島として唯一の"人の住む"島である。島内には"車"が1台だけある。おもな交通手段は"三輪自転車"で，たいていの家庭には"マイボート"がある。対岸への行き来には欠かせない交通手段である。島内には，郵便局，小学校，保育所，民宿，雑貨店はあるが，今は，どこでも見かけるコンビニエンスストアや喫茶店等はない。
>
> 島の暮らしは，島の外へ働きに出る人も多くなったが，漁業に従事する人も多く，季節おりおりの漁を営んでいる。耕作地がほとんどないため，自宅の庭の小さな畑等で季節の野菜を自家栽培したり，対岸に自前の田んぼを持ち，米を作ったりして自給している家庭も多い。

発問 "車"が1台ということだが，どんな仕事をしている人が所有しているのか？

「魚を販売する小売店」「民宿の送迎」「郵便局の配達」

T:「答えは,1軒ある酒屋さんの車です」

★ 考えよう　ここは,学校は小学校1校だけです。中学校は,近江八幡市の中学校まで船で通学します。面積は1.53km²,小学校1校ということから考え,この島の人口を想像してみよう。ヒントは,日本の学齢人口比(小中学生人口)は9％です。

S:「ってことは,小中学生×9＝人口ってことですか」
T:「そうだよ。そこから沖島の人口を想像してみよう」
S:「面積が1.53km²ってことは,周囲は1km少ししかないってことか」「まあ,1学年に5人くらいでは？」「ってことは小中学生は5×9＝45ってことで,人口は400人くらいかな」
T:「ほぼ正解です。人口は370人です」

<資料>
沖島小学校児童数　2年2名　3年1名　4年1名　5年4名　6年1名
　　　　　　　計9名　職員数は8名　(2014年度)

2　沖縄県竹富島の人口

次は,地図から人口を考える。竹富島の2万5千分の1の地図を配布する。島の中央に集落があり,学校,病院,神社が1つずつある。

🗨 グループ 討議　この地図をヒントに,竹富島の人口は何人か,グループで考えよう。

<話し合いの様子>

グループA：
「学校は1つだから,小中いっしょだと思う」「交番がないんだ」「ってことは,あまり犯罪がないのかな」「でも観光客が多いから他から来た人が事件をおこさないかな」「事件おこしたら,石垣島の警察に行くの

かな」「沖島と同じ感じだと，1学年が5人くらいだから，370人にしよう」

グループB：
「寺がないけどお葬式はどうするのかな」「神社が葬式をするのでは」「さあ，人口はどうする」「この島の様子だと，観光地だし，沖島よりは多いから1学年は7人くらいでは？」「ってことは小中学生は60人くらいかな」「60×9＝540人」

グループC：
「沖縄の夫婦は2人は子どもを出産すると思う」「ってことは1学年は10人はいるかな」「ってことは，学齢人口は90人？」「うーん！ なんか多い」「ちょっと減らして70人」「70×9＝630人？」「なんか多い」「500人にしよう」

T：「2013年の人口は323人です。A班がいちばん近いです」

3 三重県答志島の人口

三重県答志島の2万5千分の1の地図を配布する。

グループ 討議 竹富島とほぼ同じ面積の三重県答志島の地図です。この島の人口を想像してみよう。

グループA：
「この島には集落があるね」「けっこう人口が多そう」「市街地かな？ 2つはある」「学校は3校だね」「ってことは中学校1校，小学校2校かな」
「まあ，1学年1クラスは間違いない」「30人はいないから1学年20人くらいかな」「1つの小学校は20人×6＝120人」「島全体の学齢人口は360人。360人×9＝3240人」

グループB：
「この島に行ったことあるけど，民宿や旅館もあってけっこう人口も多いよ」「神社や寺もいっぱいある」「市街地もあってけっこう賑やかそう」「漁業する人も人手がいるから，子どもの数もけっこう多いのでは」「でも学校は1学年1クラスは間違いない」「1クラスは25人かな」「25人×12＝300人が小学生」「中学校は，島からでていく子もいるから200人にしよう」
「200人って多くない」「1学年70名もいるかな」「まあ，そんな感じで。500×9＝4500人」
T：「答志島の人口は，2013年は2578人です」

<資料>
　答志島には，答志小学校と桃取小学校の2校があるが，桃取小学校の卒業生は，本土の鳥羽東中学校に通学する。

　ここでは沖島，竹富島，答志島について紹介したが，地域によって，いろんな島をとりあげ，生活や人口を考えることから，地図から読み取れる作業の楽しさをゲーム形式で体感する。

活用

19 市町村の合併はなぜおこなわれるの？

　1971年の昭和の大合併で市町村数が一気に3分の1に減少した。この合併で人口8000人規模になった多くの市町村も，地方では人口減少が止まらず，すでに全国の4割の市町村では人口8000人未満になってしまった。そこで，2000年に平成の大合併が行われた。この大合併にともなう背景にあるものを考える。

> **Q クイズ** 市町村人口の最低限が8000人という数字は何が基準か？
> ア　国からの援助が8000人を基準に増える
> イ　行政職の公務員の数との関係
> ウ　学校運営との関係

A 答え 「ウ」

T：「8000人という数字は，中学校1校を効率的に設置管理していくために必要と考えられた人口です。具体的にはどんなことでしょう」

S：「人口が少ないと，生徒数も少なくなるから」「そうなるとやる気がなくなる」「運動会ができない」（笑）

T：「1クラス10名以下の学校もでてきますね。地方財政から考えてどうですか？」

S：「それでも，先生の数は確保しなければならない」

T：「学校以外も非効率的なことがあるね」

S：「消防」「職員」

T：「保健衛生などもそうかな。つまり，財政的に効率よく地方財政を運営するための人口が8000人というわけです」

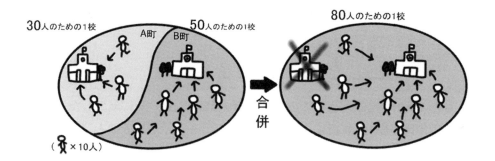

> **Q クイズ** 次は合併によって生まれた市です。1つだけ，現存しない地名がある。どこか？
> さくら　みどり　胎内　笛吹　山県　福沢　雲南　東温　四国中央　うきは　うるま

挙手させる。当て勘で答えるケースが多い。「ひらがな」地名に挙手する生徒が多い。「胎内はないわ」「山県，福沢の人名も怪しい」「四国中央という長い地名は反対が多いのでは」など。

> **A 答え**　「福沢」

> さくら（栃木）　みどり（群馬）　胎内（新潟）　笛吹（山梨）　山県（岐阜）　雲南（島根）　東温（愛媛）　四国中央（愛媛）　うきは（福岡）　うるま（沖縄）

「市町村の合併」というと，単に，「いっしょになる」程度の認識しかない。しかし，国をあげて取り組むからには，何らかの大きなねらいがある。それは，地方分権の推進にはじまり，少子高齢化，国や地方の財政悪化がその背景にある。基礎的な行政サービスを維持し向上させるためには，行政の効率化が必要になる。

> **Q クイズ** 合併が、わずか1市のみの都道府県が2つある。どことどこか？

S:「東京」
T:「東京都は、保谷市と田無市が合併し西東京市が誕生しました。大阪府も1つです。どこですか？」
S:「······」
T:「大阪は、堺市と三原町が合併したのみです」

> **Q クイズ** 合併により日本でいちばん面積が広くなった市は、岐阜県にあります。地図帳を開き、探してみよう。

「多治見」「郡上八幡」「高山」など。

A 答え 「高山市」

> **★ 考えよう** 合併によって、山口県の面積比率93.7％、さて何の面積比率か？

「森林面積」「水田面積」「持家比率」「舗装道路」などの答えがかえってくるが、合併とは無関係である。

A 答え 「県の面積に占める市の面積比率」

　山口県は、岩国市、萩市、周南市をはじめとする10市と、周坊大島町は合併が成立したが、美祢、秋芳、美東、阿武、阿東町の5町は合併していない。したがって、6町以外はすべて市になり、県の面積に占める市の面積比率は、全国一になった。

　教科書ではコラム的扱いの「市町村合併」の単元だが、「なぜ合併するのか」という課題は、興味ある課題であり、地理的思考力を培ううえでも有効である。また、公民的分野の「効率」と「公正」について考える切り口にもなる。

第4章　へっ！そうだったんだ！「日本の姿」ウソ・ホント？授業

20 シリコンアイランドの過去と現在（九州）

習得

九州は「シリコンアイランド」といわれ，IC産業が盛んである。しかし，海外との関係でその相対的地位は低落傾向にあり，いくつかの企業が撤退している。九州のシリコンアイランドの歩みを追うことから，工業の立地条件と社会の変化を考える。

1 IC産業の分布図

教室にICチップを持っていく。ICは集積回路といわれ，スマートホンにも使われていることを確認する。

> ★★ **考えよう** 次の工業分布図はどんな工業か？
> IC　鉄鋼　自動車　電気機器　セメント　食品

S：「全国各地で生産されているかな」「電気機器かな」「食品では？」
「四国地方にはない」「大阪，和歌山，三重などの近畿圏にもない」
「静岡，埼玉などいわゆる工業県でも生産されていない」「ICだ」
「東京も少ない」「地方別では九州地方が，他と比較して多い」
「交通の不便なところには立地されていない」「大都会は少ない」
「ってことでIC」

T：「大都会が少ないですね。理由は？」

S：「賃金が安いからかな」「航空機で運ぶ」

T：「比較的安価な労働力を使い，しかも，飛行場や高速道路が走り，輸送する商品，ということでICですね」

2　シリコンアイランド九州

地図帳で探す（地図帳の九州地方から）ICマークを10個探そう。

わいわい言いながら楽しく探している。

T：「九州のどのあたりに多いかな？」

S：「南九州」「北九州はそう多くない」

T：「IC工業の近くには空港がある。どうして？」

S：「空港からICを運ぶ」

T：「他にIC工業の条件は？」

S：「人手」

T：「ってことはある程度人口が多いところだね。また，精密なものなので，きれいな水と空気があるところが適しています。これだけの条件がそろったところといえば？」

S：「熊本」「宮崎」「空港が近く人口もそこそこの都市」

第4章　へっ！そうだったんだ！「日本の姿」ウソ・ホント？授業

3　ICの輸送費用

　ICは軽薄短小で高付加価値のため，比較的安価な労働力が得られ，輸送に便利な内陸部の空港や高速道路の近くに分布している。

> **Q クイズ** ICはどれくらいの費用で空輸できるのだろうか？福岡空港から羽田空港までIC1個を空輸すれば，費用は1円以上か1円以下か？

　答えは半々に分かれる。

- T：「段ボール1箱にどれくらいのICが入るか」
- S：「1000個」「2000個」
- T：「約5000個のICが入ります。航空コンテナには，何個の段ボール箱が入るか」
- S：「10個」「30個」「100個」
- T：「60個が入ります。だから，1飛行でICが約30万個運ばれます。福岡〜羽田の航空貨物運賃が約20万円ですから，IC1個あたり約0.67円です」
- S：「けっこう安い」
- T：「ICは，小さく軽量なわりに値段が高いので，船や自動車に比べ輸送費用が高い航空機を使って運んだとしても，十分に採算がとれる」

4　シリコンアイランドの今

　しかし2009年以降，九州の半導体・液晶関連工場のいくつかは閉鎖された。それは，韓国・台湾・中国企業の台頭とアメリカIT企業の復活である。

　長野県の岡谷や諏訪市も，中央自動車道が名古屋と東京に通じ，また松本空港もつくられ，精密機械工業からIC工業へと変化している。東北地方も同じ条件でIC産業が盛んである。シリコンアイランド九州を学んだ地理的見方・考え方で，他地域の立地条件も考えていくことが大切である。

授業方法

21 沖縄へのアンケート調査から基地問題を（九州）

　沖縄の中学生に米軍基地問題についてアンケートを送付する。その結果をもとに，KJ法による基地の是非を考え，プレゼンから討論会を実施した。意見が分かれる課題について，現地の声を参考に価値判断することも必要である。

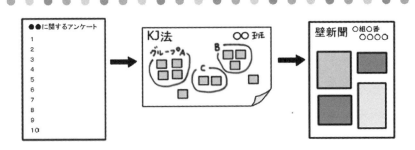

1 アンケート依頼（2012年2月）

　はじめまして！　突然のお手紙をお許しください。私は東大阪市立縄手中学校2年生の〇〇といいます。

　私たちは5月に沖縄修学旅行に行きます。その事前学習で，沖縄の自然，文化，歴史，観光，沖縄戦などを調べています。私たちのグループは「沖縄の基地」がテーマです。いろいろ調べた後，基地について「賛成」と「反対」に分かれて討論会を予定しています。沖縄には全国の基地の75％があり，沖縄県の十数パーセントが基地であることを学びました。騒音や，米軍にからむ事故がある一方で，基地で働いている人もおられるし，米兵の買い物などの経済効果も考えられます。最近のニュー

スでは，普天間基地の移転をめぐり沖縄の基地撤去の思いにもふれることができました。
　私たちは，現地沖縄の人たち，とくに中学生の思いを聞きたいのでお手紙をさしあげました。ぜひ，基地についてアンケートにお答えのうえ，率直な考えや思いを教えていただきたいと思います。私は，基地○○の立場で討論することになっています。その理由は，以下のようになっています。(以下略)

＜米軍基地アンケート＞　　　（　　　　　　　　　　）中学校
1　基地騒音といわれますが，具体的にはどんな騒音があるのですか
2　基地があることにより，米兵の買い物や食事などの経済効果があるといわれていますが，経済効果はどのようなものですか
3　基地にお勤めの沖縄の方はどんな仕事をされていますか
4　沖縄の人と米兵とはどんな関係ですか
5　米軍の子どもたちと，沖縄の中学生との交流はあるのですか
6　基地があることにより日本は守られていると思われますか
7　基地があることによって，危険なことはどんなことですか
8　普天間基地の移転をめぐる問題について，どうお考えですか
9　私たちは，沖縄修学旅行で，南部戦跡，平和祈念資料館，沖縄戦体験者の聞き取り，マリンスポーツ，琉球村，嘉手納基地，国際通りをまわります。何かアドバイスがあればお教えください
10　他に何かありましたらお書きください

　ありがとうございました。今後とも交流をお願いいたします。

2 沖縄の中学生の声から考える基地の是非

（佐敷中，東江中，嘉手納中，北谷中，宜野座中，沖縄東中，西原中のアンケートから抜粋）

○基地による経済効果
- 基地がもたらす経済効果は，米軍の試算では年間約1680億円で，観光産業と同じくらいの波及効果があるとのことです。
- 飲食業（寿司屋，ステーキハウス），住居（アパートなど），交通（タクシー，バス），娯楽（映画，マリンスポーツ），サービス（美容室，ネイルサロン），雇用（軍雇用，基地内への土木建築業）に大きく影響している。
- 米兵による買い物や食事による経済効果は，お酒に関する飲食が中心だと思います。基地のなかにもマーケットやレストランがあり，格安で好みのものが手に入るので，市街地での買い物は少ないと思います。おもな効果は，軍用地の借地料や軍で雇用されている人の給料だと思います。
- 基地の返還による経済効果もあります。ハンビー飛行場，メイモスカラー射撃場（1981年返還）により，北谷町に「ハンビータウン」がつくられ，映画館やショッピングセンターなどがつくられ，経済効果は2000億円になっています。また，天久基地（1987年返還）は新都心として，県立美術館，博物館，マスコミ関係会社，ショッピングセンターがつくられました。

○基地騒音は具体的には
- 戦闘機，ヘリコプター，飛行機の音。普天間基地では，ヘリコプターの騒音，嘉手納基地においては，戦闘機の早朝，深夜の発着による騒音によって騒音訴訟がおこっている。北部地区では，戦闘機，ヘリコプターの騒音，演習による大砲の音が聞こえ，騒音となっている。

○基地があることで日本は守られているか
- 米軍が守るのは第一にアメリカ人の命だと聞いたことがあります。アメリ

カ人と同じように沖縄の人や沖縄を守ってくれるかわかりません。とくに，鳩山前首相の「抑止力は方便」という言葉を知ってから，そのことをよく考えるようになりました。
- 守られていると思います。日本は戦争などできないため，もし他国から攻撃されたら，アメリカ軍がかわりに戦うというか，守るために基地があると思います。
- 半々だと思います。アメリカ側は，日本を守るためと言っているけど，基地のせいで，アジアが混乱してくればまず狙われるのは沖縄の基地だから。

○**基地があることによるマイナス面**

戦争になったら，真っ先に攻撃されるのではと不安になります。住居侵入や飲酒運転による事故など，米兵などによる事件がたくさんあります。

○**普天間基地移転について**
- 米軍基地が日本の平和を守る役割を担っているのなら，日本全体で米軍基地の負担をすべきだと思います。
- 沖縄内だったらあまり意味がない。基地の近くに住んでいる人は基地から少しでも離れたいと思っています。
- 移転してほしいけど，海をつぶしてまで移転するとか絶対おかしい。沖縄のきれいな海は残しておいてほしい。

後日，沖縄の中学生の意見を参考に，「米軍基地賛成」「米軍基地反対」に分かれ，KJ法により意見を整理し，壁新聞を作成し賛否を考える授業をおこなった。

2015～2016年は沖縄の米軍基地問題で揺れた一年だった。テレビ，新聞，雑誌などのマスコミの報道は，それぞれの会社の価値観により偏った報道がおこなわれることが多い。本実践は，現地の声，なかでも中学生の声から授業を組み立てた。KJ法による壁新聞による発表会においても，現地の声を反映した意見が紹介された。現地の生の声を授業で扱いたい。

22 活用 島根って，昔から人口が少なかったの？（中国四国）

「農村より都会の人口が多い」「山陰より山陽の人口が多い」というのは，現在からすれば"常識"だ。だが，農業中心社会だった江戸時代はどうだったのだろうか？ この"常識"を揺らせる題材から，島根県を中心に産業構造の変化と交通体系により人口が変化していくことを学習する。

1 島根自虐

> **グループで考えよう** 次の言葉は，"島根自虐伝"という本に掲載されたものです。島根県の現状を考え（　　　）に当てはまる言葉を考えよう。

① 日本で（　　）番目に有名な県
② 県名より（　　）が有名
③ （　　）歳は若手ですから（100歳人口比率日本一）
④ 遠足の距離が（　　）より短かった
⑤ 富士山おめでとう！ by 先に世界遺産に選ばれた（　　　）
⑥ （「　　」）がいまだに流行らない
⑦ 日本一の美肌県だけど（　　）がいない
⑧ クラスの写真ではありません。（　　　）です
⑨ （　　）対抗戦とかしてみたい
⑩ （　　）のほうが交通量が多い
⑪ 学校の成績は常にトップ10内。（　　）から数えてもそう
⑫ 「人気」をどうしても（　　）と読んでしまう
⑬ いいえ，（　　　）はありません

A 答え ①47　②出雲大社　③90　④通学路　⑤石見銀山
⑥いまでしょ　⑦披露する相手　⑧全校生徒　⑨クラス　⑩教習所
⑪後ろ　⑫ひとけ　⑬砂丘

参考文献：島根勝手に応援会『島根自虐伝』PARCO出版，2015

★**考えよう**　この"自虐島根伝"から，島根県とはどういう県か？

・人口が少なく過疎化している（多数）
・1校あたりの生徒数が少ない
・高齢者が多く，停滞している
・有名な所も他県にもっていかれている

2　1876年の人口

Q クイズ　1876年，島根と東京，どちらの人口が多かったか？

S：「東京は首都だから，働いている人も多いから，島根よりは多いって」
「江戸時代は，江戸は100万都市といわれたから人口が多いって」

A 答え　島根（103.7万人）　東京（95.9万人）

T：「島根県の人口は，2015年現在約69万2000人です。最下位は鳥取県ですが全国46位です。1955年は約93万人でした。その後，人口は減り続け，2014年には70万人を割りました」

3　人口が多かったわけと減少したわけ

★★**考えよう**　どうして島根県の人口は多かったのか？　また，減ったのか？　この4つのモノから考えよう。（モノ……牛肉・電卓・銀・炭）

「どうしてこうなるの」って声！　この謎を解きたいという意欲が感じられる。

T：「現在は人口がかなり少ない鳥根県が，東京都より多いって信じられないよね。どうしてだろう」
S：「出雲大社があったから」
T：「江戸時代の江戸（東京）は100万都市といわれ人口が多かったよ」
S：「幕府がなくなり，いろんな大名が地元に帰っていったから」
T：「それで約96万人というのは理解できるね」
　　「島根が100万人を超えているのはなぜだろう」
S：「……」
T：「中国山地で，当時，どんな産業が盛んだったかな？」
S：「牛を飼育してた」
T：「当時は食より農作業の労働力として使用されてたね」
S：「木が多く使われていた」
T：「建築も木材が主流だったし，当時は，燃料は何だったかな」
S：「炭」
T：「そうだよね。中国山地ではいろんな産業が盛んで，人口が比較的多かったといえます。また，島根県は海もあるよ」
S：「境港かな？」
T：「境港は鳥取県かな？　でも近いね」
S：「漁業も盛んだった」
T：「世界遺産はなかったかな？」
S：「石見銀山」「銀山で多くの人が働いたり，商人が住んでいたんだ」

第4章　へっ！そうだったんだ！「日本の姿」ウソ・ホント？授業

T:「奥出雲では，昭和まで商人や学校でもよく使われ，各家庭に必ずあったものが今や衰退してきました。何ですか」
S:「……」
T:「商人，学校の算数といえば？」
S:「そろばんだ」
T:「そろばんから何に変わったかな？」
S:「電卓」
T:「隣の鳥取市に電機関係会社が比較的安価な労働力をもとめて進出したが，今はどうなっているのか」
S:「つぶれた」
T:「規模を縮小しているかな」
S:「不景気で売れなくなったから」
T:「さらに安価な労働力をもとめて海外へ進出していったようです」
「つまり，当時は農業中心の社会だったので，米作り中心で地域間格差はあまりなかったともいえるね。そして，産業構造の変化やグローバル化で人口が変わるってことだね」

4 ビンゴで考えよう！女性と子どもが輝くまちづくり～島根県邑南町～

＜島根県邑南（おおなん）町＞

　広島駅から高速バスで1時間40分。標高100～600m。面積の86％を山林が占める。2004年に石見町，瑞穂町，羽須美村の3つが合併して成立。2015年2月現在，人口は1万1481人である。2013年度に20人増，14年度も41人が増えている。特筆すべきは，10年から14年で，20歳から39歳の女性の増加が多い。特殊合計出生率も，この5年平均で2.20になる。

ビンゴで考えよう 人口，なかでも若い女性の人口が増えてきた邑南町。その要因は何なのか？ 次の9個のなかに正解が6個あります。グループでビンゴになるよう（ ）に数字を書きなさい。真ん中は，確実な項目を書くようにしなさい。

【項目】
① 地域資源を生かした特産品の開発（木材製品など）
② 妊婦健診の無料化
③ 小中学生の修学旅行の無料化
④ 中学生以下の子どもの医療費の無料化
⑤ 第二子からの保育園での保育料と給食の無料化
⑥ 町が主催で婚活パーティー
⑦ A級グルメのまちづくり（米，石見牛，石見ポーク，野菜やハーブなどの地産地消食材の料理）
⑧ 観光協会直営のレストランの経営
⑨ 自然農法野菜づくり講座

＜あるグループの回答＞

7	5	9
3	2	8
1	6	4

T：「1班から順に回答を言ってください」
S：「……2」
T：「理由は？」
S：「子どもをどんどん生んでもらわないといけないから」
T：「正解です。妊娠した場合は16回までの診察料が無料になります。2に回答した班は○をしなさい。次は2班」

> S:「3は？」
> T:「3ですね。……。理由は？」
> S:「みんなで修学旅行を楽しまないと」「でも修学旅行は行かなくても生死に関係ない」（笑）
> T:「そうです。まあ財源がいっぱいあれば，これも可能ですが，修学旅行の無料化はありません」

順次，回答を聞く。リーチになった班以外を指名する。リーチになる班がでても続ける。「5」「7」「9」と続く。

> S:「7は，地元のものを使うと運送料も安い。しかも，島根には高速道路網がない」「6は，子どものケアより，まずは結婚しないと何も始まらない」
> T:「6はやっていません」以下，それぞれ検証していく。

＊正解は「2 4 5 7 8 9」である。つまり，まず，子育てをしやすい環境整備をおこない，町の特色を生かしつつ，生活の自立を標榜している。安易に観光資源に頼る政策は，おこなわれていない。財源は，「過疎対策事業債」「邑南町日本一の子育て村推進基金」で2億5000万円の積み立てを使用。2013年の成果は，食と農に関する起業家は24人，定住人口128人増加，観光客は92万人が訪れる。

「島根自虐」ネタの導入は盛り上がる。この教材（？）の威力はすごい！グループ討議も楽しく，笑い声も聞こえる。しかも，島根県の現状と課題がクリアになるから一石二鳥である。しかし，これだけでは授業としては不十分だ。「なぜ過疎化してきたのか」を分析し，"地域おこし"の取り組みを考察することが必要である。ビンゴゲームを使った，アクティブ・ラーニングによる授業である。

【参考文献】
・大江正章『地域に希望あり』岩波新書，2015

習得

うどん・みかん，つまもの から考える四国（中国四国）

　全国の1人あたりの平均所得の地域差を示す資料がある（2010年）。全国を16地域に区分し比較したものだが，全国を100とした場合，四国は67.9と最下位である。だが，"地域消滅"が叫ばれる中，四国も奮闘している。四国を代表する農作物から四国の自然と産業との関係，そして，高齢化の中で限界集落に抗する上勝町の"つまもの"から町の活性化について考える。

1　数値で考える四国

グループ　討議　次は，全国を16地域に分け，1人あたりの平均所得を表した資料である。四国は，どれくらいの数字か書いてみよう。

1人あたりの平均所得の地域差（一部抜粋）

北海道	84.8
南関東	117.6
北陸	94.3
近畿	96.2
山陰	78.8
四国	□
沖縄	70.4

グループで相談し，代表者が黒板の数直線の箇所に記入。

```
50        60        70        80
                ⑤班 ①班 ③班   ④班 ②班
                     ⑥班
```

理由を聞く（一部紹介）。

5班：工業も盛んじゃないし，山が多い
1班：自然のなかにある地域だし，高齢者が多いと思う
6班：農業中心で工業が盛んではない。しかも観光地が少ない
2班：瀬戸内海に面しているところは少しは工業も盛んだし，観光地もある
　答えは「67.9」で，16地域のなかで最下位。山地が占める割合も約90％。

　人口は，愛媛県がいちばん多く約144万人，続いて香川県が約100万人，徳島県が約78万人，高知県が約76万人である。65歳以上人口比（2010年）の全国平均は23％である。四国各県は，すべての県が平均より高い。徳島県27％，香川県25.8％，愛媛県26.6％，高知県28.8％である。

2　なぜ高松市で讃岐うどん消費量が日本一なのか？

Q クイズ　高松市は，うどんの消費量が日本一です。ちなみに大阪府の堺市が日本2位なんだ。全国の平均消費量を100として，高松市はどれくらいか？　きっちりした数字です。

「150」「200」「300」「180」など適当に答える。

A 答え　「約22kgで，全国の2倍で200」

★**考えよう**　香川県は，うどん製造に適した風土である。次の（　）に当てはまる言葉を考えよう。
①（　　）の瀬戸内気候が（　　　）の栽培に適している
②かつて，上記気候を利用して（　　　）がつくられていた
③小豆島では，今も（　　　）が製造されている
④だし汁に使われる"いりこ"の原料である"かたくちいわし"がたくさん獲れる

100

① 温暖少雨，小麦　②塩　③醤油

つまり，うどん製造に必要な「小麦」「塩」「醤油」の三拍子がそろった風土なのである。

3　みかん生産県愛媛県

愛媛県のみかん作りは，瀬戸内海の島々や海岸沿いの傾斜地につくられた段々畑でおこなわれており，全国各地に出荷されている。

Q クイズ　普通のみかんは11月ごろに出荷されるが，早生ミカンという早く実るみかんは何月に出荷されるか？

S：「7月」「8月」「9月」
T：「正解は9月です。温室で栽培されるみかんや，貯蔵してから出荷されるみかんもあり，1年を通じてみかんを出荷している」

発問　品質はよいが，サイズが小さくて出荷できないみかんはどうするか？

S：「捨てる」（笑）「ジュースにする」
T：（ポンジュースを見せる）「これがそうだね。『"ポンジュース"は"日本（ポン）一のジュースになるように"から命名された』これは，○×どちらですか？」

挙手させる。答えは「○」。

＊愛媛のみかん栽培は，1年を通じて出荷し，形の悪い（？）ものや，サイズが小さいものはジュースに利用し，工夫しながら販売している。

4　高知県の野菜の促成栽培

> **Q クイズ** 高知県の次の数字は何か？
> 83.7％（全国1位）　4％（東京についで低い）

S：「83.7％は，山」「長野のほうが多いような気がする」「過疎化している町」
T：「答えは，県の総土地面積に占める林野面積の割合です」
S：「4％は若者」「それは少ない」「東京も低い？」
　　「東京と高知の共通点か……」「観光地……」「4％は越えている」
　　「空き地」「高知にはけっこうある」
T：「答えは，耕地率です」

> **★ 考えよう** 下の農業生産額グラフから，高知県の農業生産の特色を考えよう。

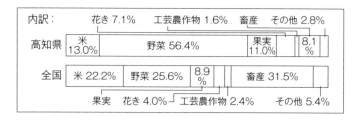

S：「全国とは全然ちがう」「野菜が半分以上占めている」「全国ではこんなに畜産が多いんだ」「米作りが少ない」「畜産はほとんどない」
T：「野菜が中心だね。どんな野菜かな？　地図帳で探そう！」
S：「ピーマン」
T：「高知県は全国3位だよ」
S：「なす」
T：「これは全国1位」

S:「キュウリ」
T:「全国7位です」「高知県は暖かいよね。どうして？」
S:「南にある」「暖流が流れている」
T:「暖かい気候を利用して農業をおこなっています」
S:「促成栽培だ」
T:「米作りについても，温暖な気候を利用したものを作っています」
S:「早く作る」
T:「早場米だね。何月に収穫するかな？」
S:「8月」「7月」
T:「7月に収穫します。銘柄は"とさぴか"です。主婦が命名したようで，南国の明るい太陽と緑のイメージで，全国の米のなかでもピカッと輝き，多くの人に愛されることを願ってつけられました」

5 かつおの一本釣り

★考えよう　高知県は"かつおの一本釣り"でも有名です。どうしてそんなじゃまくさいことをするの？網のほうが大量に獲れるのでは？

S:「……」
T:「かつおの大好物は？」と問う。適当に答えている。
T:「答えは"イワシ"です。しかし，一本釣りのエサにはイワシは使いません。イワシは，撒き餌として海に放り投げ，かつおを興奮させ，実際の釣り針は餌に見える疑似針を使います。どうして一本釣りなのでしょうか」
S:「一本釣りで捕獲した場合は，まだ生きており鮮度が全然ちがう」
「鮮度の悪いかつおはどうなるの」という質問。おもむろに「鰹節」を取り出す。

T:「最近は,一本釣りといえども1台100万円はする『かつおロボ』を使い漁をする」

4 活性化する限界集落〜上勝町〜

「上勝町」徳島市の南西40キロメートル。標高100〜1500mの山地に広がる農林業を中心とする町である。江戸時代は林業中心だったが,山腹の斜面で棚田を開墾し,麦,大豆などを栽培していた。1961年に,温州みかんの栽培をはじめたが,1981年に−13度の局地的な大寒波でみかんの木が全滅した。町の面積は,110平方キロメートルで約90%が山林である。1955年の6265人をピークに,人口は毎年減少し,2012年3月末時点では1896人。うち,65歳以上人口が約50%を占める。「つまもの」という,紅葉,柿,南天,笹,椿,梅などの葉を料亭に出荷し注目されている。

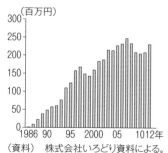

"いろどり"事業の売上高の推移

(資料) 株式会社いろどり資料による。

Q クイズ

① 1986年事業開始当初の生産者は何名だったか？（今は400名）
② 取扱い商品も当初は30〜40種程度だったが,現在は？
　　　　120　　220　　320
③ この"つまもの"はどの地域まで販売されているか？販売されている地域に○をしよう。　　関西　関東　九州　北海道
④ 年間売上高は,開始当初は12万円弱であったが,今は？
　3000万円　　6000万円　　1億3000万円　　2億3000万円
⑤ 生産者の平均年齢は？　　60歳　70歳　80歳

| A | 答え | ①4名 ②320 ③すべて○ ④2億3000万円 ⑤70歳

★ **考えよう** どうして，このようなヒット商品が生まれたのだろう？

T：「平均年齢が70歳ってのがキーワードかな？」
S：「コツコツと仕事ができる」「山のことをよく知っているから」「早起き」
T：「すべて正解だね。朝早く起きて，はっぱを採取し，昼前には農協に商品を持ち込み，全国に発送される。他は？」
S：「ぜいたく志向になった」「安い食べ物が重宝されるのでは」
T：「安さと高級品の二方向になってるかな。他は？」
S：「連絡橋で運べるようになった」「北海道へは飛行機で運ぶ」
T：「パソコンも影響しています。いつ出荷すれば価格が高くなるか等の情報を会社が把握して流します。農協，会社と農家の三者の協力体制があり，そこへ時代の波が後押ししたということかな」

　地政学的に不利な条件にある四国を明るく展望のある学習をしたい。不利と思われる自然条件を逆利用しながら，奮闘する四国を学びたい。また，自然と人間とのかかわりや共生の在り方についても考えていく。

【参考文献】
・竹内淳彦編著『日本経済地理読本【第9版】』東洋経済新報社，2014
・こどもくらぶ編『調べる！47都道府県―生産と消費で見る日本』同友館，2011

方法・活用

24 本州・四国連絡橋の果たす役割（中国四国）

本州・四国連絡橋により四国にどのような影響があるか。方法は，自由に思いつくまま意見を書き，＜ダイヤモンドランキング＞で再考する。その後，考えた意見が正しいかどうかをネットで検索し検証する。

1 本州・四国連絡橋のメリットとデメリット

 書く 本州・四国連絡橋の開通によって，よくなったこと，便利になったことを思いつくまま書こう。

＜メリット＞

本州への商品の輸送が楽になった	観光に行きやすくなった	四国が活性化
電車で本州に行ける	ビジネスがしやすい	通学がしやすい
橋がライトアップされてきれい	朝出荷した農作物がその日のうちに各地へ	情報が行き来しやすい
野菜がたくさん仕入れられる	四国への旅行が増える	交通の便がよくなる
渦潮を海の上から見られる	地理的孤立の解消	四国への興味
ツアー代金が安くなる	車で作物を運べる	橋を自転車で渡ると気持ちいい

<デメリット> 橋の開通による問題点は？
・人口が流出していく　　・過疎化がますます進む
・交通の発達は環境の悪化をもたらす
・四国から本州へ就職や学校へ行ってしまう
・漁業のじゃまになる　　・船で生活していた人の生活ができなくなる
・船や飛行機の利用者が減る　　・四国でお金を使わなくなった
・船がなくなり，橋とは無縁の瀬戸内海の島々の人々の生活がたいへん

2　ダイヤモンドランキングによる再考

だされた意見を4～5名で再考し、ダイヤモンドランキングをおこなう。

> **グループ　討議**　本州・四国連絡橋の開通によるメリット・デメリットをダイヤモンドランキングしよう。いちばん上位には「もっともメリットのある事項」、2段目には「まあまあメリットのある事項」、そして、下位には「デメリット」を書こう。

≪例1≫

	特産品が販売しやすい	
観光客が増える	本州に働きに行ける	本州に通学できる
	過疎化になる	

≪例2≫

	交通・流通の便	
四国に目を向ける	渦潮が真上から見える	活性化する
	島々の環境の悪化	

≪例3≫

島々が潤う	観光客が増える	産業の活性化
	交通網の発達	
	船で働く人が失業	

3　インターネットによる検索

各グループに1個ずつタブレットを渡し，仮設の検証を行う。

≪検証軸≫
1　観光客の増加（四国と島々）
2　交通の便（時間短縮）
3　本州に通勤・通学する人口
4　四国の人口の増減

≪検証例≫
・高速道路ネットワークの拡充により，地域間の移動時間が短縮
・庁所在都市からの3時間圏域の変化
・貨物輸送における自動車の役割が増加
・四国と全国の年間貨物流動量（自動車）の推移
・阪神地域発着の貨物流動量は，全国的にほぼ均等に増加しています。四国地域との流動量は昭和59年度の約2倍となっています。
・高知市（高知県）に本社を置くB社は，一般加工食品や冷凍食品等の卸売を中心に事業を全国展開し，現在では，関東や九州まで業務エリアを拡大しています。
・高知市の本社でおこなわれる重要な会議等の際には，航空機やフェリーを利用していましたが，本四道路や四国内の高速道路の開通により移動時間が短縮されたことから，自動車利用に変更しました。また，複数人が1台で移動できることから，出張コストの削減にもつながりました。

・尾道流通団地は，しまなみ海道と山陽自動車道等によって形成される広域交通ネットワークの結節点における物流・製造拠点団地として，平成11年に広島県によって整備されました。分譲当初は，景気低迷もあり，企業進出が進みませんでしたが，ここ数年は順調に立地が進み，分譲率は約95％に達しています。
・鳴門市（徳島県）に支店を置くC社は，明石海峡大橋の開通によって，フェリーを利用するための時間の制約がなくなったことで柔軟な配送が可能となり，静岡県，山梨県，長野県，北陸3県以西が翌日配達可能となりました。

　個人的に考えた意見を，協働の学びにより検証するアクティブ・ラーニングによる授業である。また，仮説をインターネットにより検証する。

ミニネタ 25 奈良市1位は日航ホテル？（近畿）

奈良市でもっとも高いビルは，46mの日航ホテルである。これは，奈良市景観保護条例により奈良の景観を守るためである。なぜ奈良市は景観を守ろうとしているのか？ そのことを考えるための導入ネタである。

1 近畿地方の高層ビル

> **Q クイズ** 近畿地方の都道府県の次の順位は何か？
> 1位 大阪　2位 兵庫　3位 滋賀　4位 京都
> 5位 三重　6位 和歌山　7位 奈良

S：「人口」「京都は滋賀よりは多いから違う」「工業生産額」
　「これは当たりかも」「でも奈良が和歌山より多いかも」
　「ホテルの数」「奈良は観光地だから多いのじゃ」

> **Q クイズ** それでは，関連する数字を示します。何か考えなさい。
> 大阪（300）　兵庫（190）　滋賀（133）　京都（100）
> 三重（100）　和歌山（99）　奈良（46）

S：「単位は？」
T：「ノーヒントです」
S：「農作物の生産額」「近郊農業かな」
　「漁獲高」「三重とか兵庫が多いのでは？」
T：「単位はmです」
S：「ビルの高さ！」
T：「そうです。もっとも高いビルの高さです」

2　奈良の建物の高さの規準

大阪の300mは阿倍野ハルカスなど，1問1答で確認する。

> **★考えよう**　奈良でもっとも高いビルは，ホテル日航奈良です。この高さは46mですが，奈良市では条例で，ある建物以上の高さのものを造ってはいけないことになっています。それは何でしょう？

> S：「東大寺」「大仏だ！」「大仏って15mくらいだったよ」
> 　　「駅前の五重塔」
> T：「興福寺の五重塔で，高さは46mです。この建物より高いものを造ってはいけないことに決められています」

3　平城京のイトーヨーカドー

> **Q クイズ**　右の写真は，「旧奈良そごう」，今は「イトーヨーカドー」になっている所だ。この店は，平城京の南側にある。このデパートにはなく，他のデパートにあったものって何だろう？

> S：「エレベーター」「駐車場」「食品売り場」「駐輪場」
> T：「答えは地下売り場です。なぜ，地下がないのですか」
> S：「平城京に遺跡が埋もれているから」
> 　　「以前，住居跡が見つかったことがある」
> T：「奈良市では，文化財が埋もれている所では保存がおこなわれています」

※武庫川女子大学の古川佳奈氏の模擬授業（2016年）を参考にした。

26 ミニネタ 琵琶湖の恵み

「琵琶湖に入る川とでていく川」「伊吹山の積雪が世界一のわけ」「淀川の長さは67位,でも流域面積が7位。どうして？」「急がば廻れの語源」など,興味ある事実から琵琶湖を学習する。

1 琵琶湖クイズ

① 琵琶湖が琵琶の形に似ているということがわかり,その名称が確定したのは何時代か？
　　　ア　室町時代　　イ　江戸時代　　ウ　明治時代
② 琵琶湖は日本一の湖であり,滋賀県の何分の1を占めているか？
③ 琵琶湖に水が入ってくる川は437（一級河川は119本）あるが,でていく川はいくつか？
④ 淀川の川の長さは全国67位である。それでは流域面積（降った雨がその川に流れ込む範囲）は何位か？
⑤ 昔,湖を渡るには現在の草津と大津の間を結んでいた「矢橋の渡し」という渡し船があったが,運休が多かったので,「急ぐなら瀬田の唐橋のほうに廻れ。遠廻りでもかえって近い」ということが語源になったことわざは？
⑥ 京阪神の何人の生活用水になっているか？
　　　1000万人　　1400万人　　1800万人
⑦ 水道水に占める琵琶湖,淀川水系の割合は,京都府は97％,神戸市は75％である。それでは大阪市は何％か？

A 答え

①イ：江戸時代に琵琶の形をしていることがわかった。　②6分の1
③1本：瀬田川，淀川になり，大阪湾に流れる。　④7位：滋賀県全域が流域面積である。　⑤急がば廻れ　⑥1400万人　⑦100％

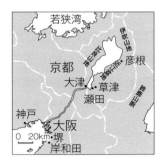

2　世界でもっとも積雪量の多い山

Q クイズ　伊吹山は，1927年2月14日に（　　　）m82cmの世界積雪記録を有している。何mか？

50m，30mなど大きい数字が多い。答えは「11」m。

★考えよう　その理由は，琵琶湖にある。どうしてか？

S：「雪は北西の季節風の影響だよね」「日本海の水蒸気を吸い上げ，それが雪を降らす」
T：「それと琵琶湖との関連は？」
S：「琵琶湖の水も吸い上げる」
T：「伊吹山の位置を見てごらん。琵琶湖の北東側にあるよね。日本海と琵琶湖の2つの水蒸気を含んだ風が伊吹山に多くの雪を降らせることになる。だから世界一の積雪量記録をもっている」

27 活用 近畿地方の人口増減から見えてくること（近畿）

　大阪府の「衛星都市」は，1965〜75年まで，どの市町村も人口が増加した。だが，東大阪市は1970年以降，50万人前後で変化はない。一方で，滋賀県の栗東市をはじめとする南東部の都市は，現在の人口が増えている。産業や交通，そして社会の変化から，近畿地方の人口を考察する。

1 東大阪市と高槻市の人口変化

	東大阪市	高槻市
1950年	230861人	43321人
1955年	263136	54028
1960年	318001	79043
1965年	443081	130735

Q クイズ この後，2市の人口動向を予想してみよう。
ア　両市とも増加する
イ　高槻市は増加するが東大阪市は変化なし
ウ　高槻市，東大阪市とも変化なし
エ　両市とも減少する

　答えは「ア」と「イ」に集中。その後の人口を提示する。

	東大阪市	高槻市
1970年	500173人	231129人
1975年	524750	330570

1980年	521558	340720
1985年	522805	348784
1990年	518319	359867
1995年	513876	362270
2000年	516621	357438
2005年	513029	351826
2010年	505415	357423

　答えは、「高槻市はしばらくは急増するが、その後は変化なく、東大阪市は変化はない」。

> **グループ　討議**　東大阪市は、なぜ大阪府下の人口急増期の1965年から5年間も増加せず、1970年からは約50万人の人口が現在まで続いているのか？

A　人口が増えるような土地がない
・縄手のように生駒山裾に沿って家を建てるくらい土地がない
・ごみごみして人気がない
B　東大阪に住むなら、それより地価の安い奈良県に住む
・奈良県のほうが住みやすい
C　大阪市からの転入者と奈良方面への転出者が同じくらいの人数になる
・生駒市が隣にあり、大阪市からは快速急行も止まるからそこに住む
D　東大阪市の会社が倒産したから

T：「市役所に取材したのだが、"わからない"とのことだった。君たちの意見をまとめるとどうなるかな」
S：「住宅地を開発しようがない」
　「地価の高い大阪から移入してくる人と奈良県にでていく人がいるから」「会社の倒産」

2　生駒市と奈良市の人口

1999年《県外通勤者全国上位50都市》資料から。

> **Q クイズ** 生駒市と奈良市の1999年の県外通勤者人口は、全国何位だろう?

> **A 答え** 「生駒市は1位」「奈良市は28位」

両市がベッドタウン都市として発展したことを確認し、東大阪市から隣の両市に移転したと予想される。

> **Q クイズ** 奈良市は、ベッドタウンとして発展していきます。しかも、一戸建てが多いので、〇〇〇の所有率が47都道府県中、1位になっています。さて、何か?

S:「クーラー」「乗用車」「レンジ」など。
T:「答えは、ピアノの保有率です」

3　高槻市はなぜ公営バスが走っているのか?

> **★考えよう** 東大阪市は、人口急増時期でも人口が増えませんでした。大阪府でもっとも急増したのは大阪狭山市で、1970年から75年の5年間で88%増えています。ついで高槻市が急増しています。それはなぜか?

S:「京都にも大阪にも近く住みやすい」「山や川も多く住みやすい」
　「勤める会社がいっぱいある」など。
T:「すべて正解ですね。大阪と京都の中間にあるというのがもっとも
　大きい理由ですね。しかも、北方には山や川もあり、環境がいい。
　高槻には食品、電気関係の会社もあります」

> **Q クイズ** 人口が急増したので，全国的に見ると高槻市は，いわゆる大都市ではないのですが，あるモノがあります。これは何でしょう？（大阪市，京都市，神戸市など全国37市にある）

S：「高層ビル」「広い道路」「商店街」
T：「市バス，つまり公営バスが走っています。高槻市の北部は公営ペースで，つまり住宅公団ペースで，南部は民間ペースで進められた。このとき北部開発の住宅建設にともなう交通手段の確保に一役買っている」

4　滋賀県栗東市の人口

人口：66454人（2015年）　人口密度：1260人
・はかりの生産が日本一
・「馬のまち」"関西馬"の日本競馬会の栗東トレーニングセンターがある
・1983年から27年連続で，地方交付金が不交付になった
・雑誌「東洋経済」の「住みよさランキング」で2005年と2007年に全国1位

<人口増加>

1970年	23031人
1975年	32496人
1980年	37033人
1985年	41827人
1990年	45049人
1995年	48759人

2000年	54856人
2005年	59869人
2010年	63652人

> ★ **考えよう** 栗東市は現在も人口が増加しています。地図を見ながら，その要因を考えよう。

> S:「地価が安い」「鉄道が発達し，大阪や京都まで近い」「大阪や京都からも通勤できる」
> 「高速道路があり，物資を運ぶのに便利」「環境がよく住みやすい」
> 「新幹線の駅も近く，東京や名古屋にもすぐ行くことができる」
> T:「環境と地価と交通の便と三拍子がそろっていますね。また，栗東市は，積極的な企業誘致を進めるため，市内に工場や倉庫を新設，移転，増設した企業に対し，固定資産税の2分の1相当額の奨励金を最大で10年間交付した政策的な面もあります」

＊「栗東」「草津」「東近江」「大津」などの都市で「機械工業」が盛んであることを地図帳で確認する。

> **Q クイズ** 滋賀県における製造業の総額は全国16位だが，県内総生産に占める第2次産業の割合は何位か？（2009年）

　10位から9位と挙手させる。答えは，1位である。その割合は36.7%である（全国平均18.5%）。また，第2次産業で働く人の割合も，47都道府県中1位である。電気機器，輸送機器関係の生産額（1968年〜71年）の伸び率も1位である。同じ近畿地方でも，地理的条件が異なることにより人口の動向に違いがでてくるのが興味深い。

【参考文献】
・こどもクラブ編『調べる！47都道府県―生産と消費で見る日本』同友館，2011

活用

28 飛び地北山村から考える地域再生（近畿）
～歴史と産業の変化から動態的に考える～

　日本には50くらいの飛び地がある。北山村は和歌山県にありながら，奈良県と三重県に囲まれている。このような典型的な飛び地は北山村だけである。なぜ，他県の行政区分にあるにもかかわらず，和歌山県に属しているのか。この謎を解くことから，また，北山村をはじめとする紀伊山地の産業と歴史，そして，過疎化に対する住民の取り組みが見えてくる。

1 「飛び地」と北山村

 この地図は北山村です。何県に属していますか？

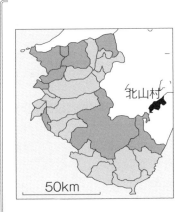

S：「奈良県じゃないの」「うーん！　でも村の周りを囲んだようになっているよ」「三重県にも接しているし」
T：「北山村は和歌山県なのです」
S：「へっ！　県と接していないのに」
T：「和歌山県に属しているけど，隣接しているのは三重県と奈良県ですね。和歌山県のどの市町村とも隣接しないという不思議な村です。このような市町村を，飛び地といいます」

Q クイズ 北山村は約48km²，人口600人という小さな村ですが，面積の大部分は山林です。面積の何％が山林ですか？

　　　　　　85%　87%　90%　95%　97%

答えは「97％」である。林業の盛んな地域であったことを確認する。「吉野すぎ」「尾鷲ひのき」は有名である。
　また，北山村の人口構成の変化を紹介する。

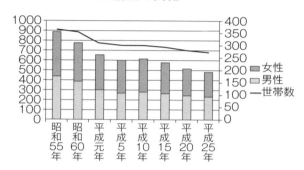

人口構成の変化

2　なぜ，北山村は和歌山県を選んだか

> **発問**　明治4年の廃藩置県で，地理的には奈良県になるところだった。住民は，飛び地になる和歌山県をなぜ選んだのだろうか？

S：「奈良の中心部に行くまでが遠いから」「和歌山のほうが税金が安いから」
T：「そんなわがままは許してもらえないだろう」
S：「和歌山までもけっこう遠い」
T：「ヒントは北山村から和歌山の新宮まで流れている北山川と熊野川です。また，江戸時代の北山村の産業とも関連します」
　「97％が山林ということで，林業をしていましたが，木材をどうして運んでいたかな？」
S：「船」「川を使って運んでいた」
T：「河口の出口の新宮は，木材の集散地でした。木材は筏師を通じて運ばれていました」

S:「北山村の木材を新宮まで運んでいたから」
「なるほど,奈良県や三重県よりつながりが強かったからか」

説明 筏（いかだ）師の話をする。

筏は大台ヶ原方面から新宮まで北山川を使って運ばれ,北山村大沼付近が中継点となっていた。上流の筏師はここから引き返し,下流は北山村の筏師が引き継ぎ,夏場は2日程度,冬場は3日程度かけて新宮まで材木を運搬していた。命がけで材木を新宮港まで運ぶ筏師は,非常に高収入だった。

3 時代の変化のなかで〜産業構造の変化と林業〜

発問 その後,林業は変化していきます。次のグラフ（略）も参考にしながら,どう変化したのか考えよう。

S:「コンクリートにかわり,木材はあまり使われなくなった」
「木材を,川を使い運ぶのではなくトラックで運ぶようになった」
「林業をする人も少なくなった」「しかも高齢化している」
「海外からの輸入が増えた」
T:「ってことは,新宮つまり和歌山県との結びつきはそうなくなったってことだね」

発問 1965年代にダムが建設され,筏師は姿を消した。木材も国産より海外のほうが安く,東南アジアから輸入されるようになったが,筏師はどうしたのか？

S:「失業した」「筏師は村をでていく以外にないのでは」

T:「1979年に北山川観光筏下りとして筏流しが復活し，当時の筏師が復帰，再び活躍の場が与えられた。伝統文化である筏に改良を加えた観光産業になり，春から秋にかけて多くの観光客がやってくる」

◆発問◆北山村で約80％生産されている世界一の産物があります。（実物を見せる）これは何ですか？

S:「……」
T:「"じゃばら"と言われるゆずやカボスのような高酸甘橘です。"じゃばら"という名称は『邪気をはらう』からつけられたものです。1975年から北山村を救う産物になると特産品化しました。売れたのでしょうか」
S:「ダメやろ」
T:「思うように売れずに毎年赤字になりました」
「2001年に大きな転機を迎えます。IT時代の登場です。これが追い風になります。さて，何でしょう」
S:「……」
T:「2001年に楽天市場に出店。かねてからあった，じゃばらが花粉症に効くことを検証するために，インターネットで花粉症効果1000人モニター調査を実施しました。何％の人に効果があったでしょうか」
S:「70％」「50％」「30％」
T:「47％の人から効果ありとの報告があり，売り上げが増えました」

Q クイズ 売り上げはどれくらい増えたのか？ 次の表に当てはまる数字をいれよう。

年度	年間売り上げ（予想）	年間売り上げ（正解）
2000年度		2500万円

122

2001年度		①
2002年度		②
2005年度		③

A 答え ①5000万円　②1億円　③2億2000万円

4　北山を救ったのは何か？

グループ討議 林業の衰退のなかで、過疎化の一途をたどった北山村が、再生できたのはなぜか？　そのキーワードを考えてみよう。

A　観光　　B　じゃばら　　C　花粉症　　D　健康ブーム
それぞれ理由を発表させる。

T：「すべて正解ですが，大切なことが抜けています」
S：「……」「団結」
T：「インターネットの有効活用です。徳島県の上勝村の葉っぱが"つまもの"としてよく売れているのもインターネットを通じてです。また，地域での限定販売も，購入者が現地に来てくれるので村の活性化に有効です。この販売方法と筏流しという観光産業がタイアップして，村が活性化してきました」

「飛び地の謎を解く」という子どもの興味ある事実から，林業の歴史や実態，そして，交通，人口，地域の結びつき，過疎化対策等から北山村についての事例を紹介した。「飛び地」という興味関心を切り口に，歴史的背景を中核に，産業，交通，人口，地域の結びつきから分析している。

※立命館大学学生の浅尾野武氏の模擬授業を参考にした（2015年）。

29 農業生産額日本一の市町村は？（中部）

習得

　中京地域は，2010年現在，農業産出額5100億円で全国の6.3%を占めている。当地域の農業は，園芸農業と茶栽培などを中心に商業的農業が発達している。また，田原市は，農業産出額は市町村別では，全国1位であり，平成18年の農業産出額は約724億円になっている。この地域がなぜ農業が盛んになったのか？　さまざまな要因から動態的に考える。

1 田原市日本一を自然条件から考える

Q クイズ 全国の市町村で農業生産額がもっとも多いのはどこか？
ア　愛知県の渥美半島の町　　イ　群馬県の高冷地農業の町
ウ　北海道の酪農の町

　意見は分かれる。答えは「ア」の渥美半島の田原市。

★考えよう 田原市は，人口65386人（平成25年3月現在）で，農業に従事している人口は10564人で30.5%を占めている。下のグラフから，日本の他の農業地域とは異なった実態が見えてくる。どんなことか？

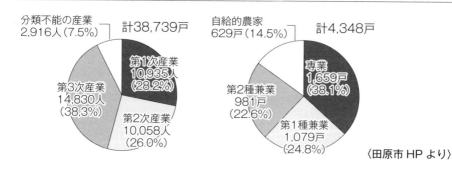

〈田原市HPより〉

S:「第1次産業が多い」「第3次産業の割合が日本全国と比較して少ない」「専業農家が多い」「けっこう農業でもうかっていそう」
T:「第1次産業が衰退していくなかで，田原市は専業農家も多いです」

グループ 討議 渥美半島は，洪積台地の細長い半島です。田原市は，その中央にあります。けっして農業に適していないように思うのですが，自然条件にしぼり，そのメリットとデメリットを考えよう。

<メリット>
・南にあるので温暖　　・親潮が近くを流れているので暖かい
・平坦な土地が多い

<デメリット>
・半島なので川がなさそうで水が得られない　　・交通の便が悪い

クイズ 近くを暖流が流れているので，温暖です。霜が降りない日数も多いです。無霜期間はどれくらいでしょう？
　　　　200日以上　　250日以上　　300日以上

答えは「250日以上」で，冬の寒い時期以外は霜が降りない。

地図帳で探す 田原市は，恵まれた温暖な気候を生かしながら発展してきました。地図帳で産物を探そう。

「バラ」「キャベツ」「ちんげんさい」「きく」「すいか」「うずら」「牛」「トマト」「メロン」など。

T:「農業の種別は，露地栽培や施設園芸，畜産と多様ですね。露地栽培では，キャベツ，ブロッコリー，レタス，スイカ，スイートコーン，露地メロンなどが，施設園芸ではトマト，メロン，菊，カーネーション，バラ，洋花などが栽培されています」

> ★ **考えよう** 台地で半島なので，川がないという意見がでましたが，水はどうしているのか？

S:「豊川用水がある」
T:「1968年につくられた用水だね。このような人間の努力による要因もあります」

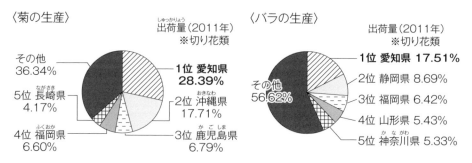

〈菊の生産〉　出荷量(2011年) ※切り花類
その他 36.34%
5位 長崎県 4.17%
4位 福岡県 6.60%
3位 鹿児島県 6.79%
2位 沖縄県 17.71%
1位 愛知県 28.39%

〈バラの生産〉　出荷量(2011年) ※切り花類
その他 56.62%
1位 愛知県 17.51%
2位 静岡県 8.69%
3位 福岡県 6.42%
4位 山形県 5.43%
5位 神奈川県 5.33%

参考：こどもくらぶ編『調べる！47都道府県―生産と消費で見る日本』同友館，2011

2 社会的経済的条件から考える

グループ　討議 田原市が農業生産日本一になった理由を，地図帳を参考に最低3つは考えよう。

A:「豊橋鉄道があり，遊びに行くにも便利な市である」
　「バラや菊などの花を名古屋などの都会に運びやすい」
　「名古屋に近くもうかるので若者も農業がしやすい」
B:「名古屋，豊橋，静岡，浜松など都会に近く葉物が売れやすい」
　「キャベツ，白菜などは都会に近いほどいい」
　「スイカやメロンなどの高級品は東京や大阪にも運べる」
C:「名古屋港に近く運びやすい」
　「飛行場がある」

T:「大都会名古屋に近いというのがまず大切かな。東京と大阪の中間地点であり,高速道路も走り輸送に便利という条件が大きい。また,名古屋港や空港もあり,輸送にも最適だね。花も,『菊』は『船』で,比較的高価な『バラ』や『カーネーション』は『飛行機』で輸送すると聞いています。都会に近いということは,農閑期は遊びにも行けるということで,若者も農業に従事できる条件がそろっているね」

> **発問** 菊は,日照時間が短くなると花芽を形成し,やがてつぼみになり開花する性質があります。だから菊の開花月は10〜11月だね。でも,菊がもっとも重宝されるのはいつごろかな?

S:「9月の墓参り」「3月もかな」「お正月やお盆の時期」「お葬式で必ず飾ってある」

T:「ってことは年中かな。渥美半島では,電照菊が栽培されています。電照栽培というのは,日照時間の短くなる秋に,夜間も点灯して日照時間を延ばし,菊などの開花時期を遅らせる抑制栽培の一種です。時期をずらすことにより,高価に販売することがねらいです」

電照菊は秋菊が花芽を形成する前の5〜8月ごろの夜間(午後10時〜翌日午前2時が多い)に電球などを用いた照明を菊に当てる。この菊は1〜3月に開花する。照明は白熱電球が主流であったが,最近は,省エネの観点から蛍光灯なども使われている。

30 ミニネタ でっかい北海道の寒い現実（北海道）

　北海道の広さや気候を知覚的に認識し，地名から先住民族アイヌ人と開拓の歴史を学習する。

1 でっかい北海道を実感する！

　「日本全図」の地図から，定規を使い，北海道内の都市間の距離を測定する。また，自分たちの住んでいる都道府県の県庁所在地との関連で，北海道の広大さを実感する（会話での数値は帝国書院編集部編『中学社会科地図』p.78～80による）。

> **実感しよう1** 函館から稚内は，東京からどこまでの距離と同じか？
> **実感しよう2** 函館から札幌は，大阪からどこまでの距離と同じか？
> **実感しよう3** 函館から帯広は，大阪からどこまでの距離と同じか？

> S：「函館から稚内の長さは10cmだね」「東京から仙台でも7.5cmだよ」「盛岡で12cm」「大阪で10cmだ」「かなり広いんだ！」「函館と札幌はそう遠くはないのでは」「4cmだね」「大阪から名古屋でも3.5cmだ」「大阪から岡山で4cmだ」「函館と札幌って隣かなと思っていたけど，けっこう離れてるんだ」（以下略）

> **Q クイズ** 北海道のある標識である。「（　　　）まで110km」さて？

> S：「札幌」「観光地の名前」「山」「スーパー」
> T：「かなり近い」
> S：「コンビニ」
> T：「答えはコンビニです。とにかく北海道は広い」

2 アイヌの地名から考える北海道

「札幌」は,「サッ」……「乾いた」,「ポロ」……「大きい」で,「乾いた大きな川」というアイヌ語から由来している。

> 地図帳で探す1 「別」のつく地名を10個探そう。
> 　登別　海別　止別　遠音別　紋別　紋別など

> Q クイズ 「別」はアイヌ語で何を表しているか？

S:「……」
T:「漢字1文字だよ」
S:「山」「川」
T:「アイヌ語で別は川を表しています」

> 地図帳で探す2 「内」のつく地名を5個探そう。
> 　　歌志内　晩生内　幌内など

> Q クイズ 「内」はアイヌ語で何を表しているのか？

S:「これは山だ」「島？」
T:「アイヌ語で沢を表しています」

> ★★考えよう 「別」「内」だけでなく「尻」「知」のつく地名もある。これは,「山」や「島」を意味している。例えば「利尻」などだ。どうして「川」「沢」「山」「島」など,自然にかかわる地名が多いのか？

S:「北海道は自然の豊かなところだから」
T:「アイヌ人の生活と関連しています」
S:「アイヌ人は自然とともに生きてきた」
T:「って？？　ちょっとわかりにくいね」

第4章　へっ！そうだったんだ！「日本の姿」ウソ・ホント？授業

S：「川で生活していた」「川で魚を獲って生活していた」「山も島も，アイヌ人にとっては生活するうえで重要だった」

T：「『別』『内』『尻』などの地名は，生活の糧になる川や山の位置を示すために必要不可欠なものだったってことだね」

3 開拓の歴史が語る地名

　明治時代になり，北海道は開拓使（屯田兵）により開拓される。その地名の例として，札幌市白石区は，戊辰戦争で敗れた仙台藩白石領の藩士が移住したことからその地名がついている。

| 地図帳で探す | 伊達，北広島，新十津川の3つを探そう。

| ★考えよう | なぜ，そういう地名がついているのか？　北海道の歴史から考えよう。

```
S:「北広島は広島から来た人たち」「新十津川は十津川」
T:「十津川ってどこ？」
S:「……」
T:「奈良県の十津川村だよ」
```

・伊達……仙台藩の伊達邦成が開拓。戊辰戦争で仙台藩が降伏したのを機に、新天地を求めるべく移住。
・北広島……25戸103人が集団移住。
・新十津川……奈良県十津川村の人々の移住・開拓。
＊寒さや飢えに耐えながらの開拓生活。出身の地名が受け継がれているのは、それへの感謝と尊敬、そして誇りの表れである。

4 寒くて雪深い北海道

Q クイズ 北海道でもっとも寒いところは？
　　　　　稚内　知床　旭川

意見は分かれる。

```
T:「答えは旭川です。1902年に－41度が記録されています」
S:「北の稚内のほうが寒いと思うけど、なぜ真ん中の旭川の気温が低いの？」
T:「気温は地形の影響を受けやすい。盆地では風が吹き抜けにくく、冷気が溜まりやすいのです」
```

★★ 考えよう 次の道路標識は何か？

A 　　B

A　郊外で見かける道の端を示す赤白斑模様の矢印。積雪シーズンに雪に埋まったガードレールへの衝突を防ぐため。
B　積雪期には，道路に引いてある線など役立たないので，このような表示がある。

> **グループ 討議** 寒くて雪が多いということから，あるものの普及率も47位である。全国47位の製品を2つあげよう。
> 【ヒント】A　全国平均は14.8%だが，北海道は5.5%（2005年）
> 　　　　　B　北海道では1000世帯あたり181台である。

> S：「Aはマンション」「北海道って一戸建てが多い感じ」「製氷機」「なるほどそうかも」
> 　「Bは，冷蔵庫だって」「クーラーかも」「乗用車」「どうして？」
> 　「雪が多くて乗れない」「でも，広いから乗用車がないと移動できない」「やっぱりクーラーだって」
> 　「ってことでAは製氷機，Bはクーラー」
> T：「答えは，Aは『バイク・スクーター保有率』，Bは『エアコン』です。ちなみに，北海道では『エアコン』のことを『クーラー』といいます」

＊雪が多いことからいいこともある。「利雪」「親雪」を考えさせる。

"驚き"は興味関心を高め学習意欲を喚起する。しかし，それだけでは，知的興奮は生まれない。「アイヌ語に関係する沢，川，山などの自然を表す地名」は，アイヌの生活にまで敷衍する教材である。

【参考文献】
・池田貴夫監修・椿かすが『漫画・うんちく北海道』メディアファクトリー，2014

活用 31 人口を中核に北海道を考察する（北海道）

北海道の人口は，2015年10月現在538万人で全国8位である。過去には，人口が全国1位または最下位の時もあった。全国の市でもっとも人口の少ない市もある。また，産業構造の変化のなかで，人口減になった都市がある一方で，増加している都市もある。人口を中核に，北海道を動態的に考察し，地域再生の在り方を考える。

1 全国1位だった人口

Q クイズ 北海道の人口は，2015年10月現在538万人で全国8位である。北海道の人口，最高記録と最低記録は何位か？

「5位」「30位」と妥当な答えを言う生徒が圧倒的だが，「1位」「47位」と答える"やんちゃ"な生徒が正解なのが面白い。

> T：「最高記録は……1位で352万人です」
> S：「うそっ！（笑）」
> T：「最低は47位で23万人です」

グループ 討議 北海道が全国1位と最下位はいつか？
1884年　1894年　1904年　1920年　1945年　1970年

> S：「戦争で多くの人が死んだから…」「北海道は明治時代までは開拓されていなかったから，1884年が最下位」「1位が難しい」「1904年の日露戦争で他の都道府県の人口が減ったから」「1970年ごろに札幌オリンピックがあったのでは？」
> 「でも東京のほうが多い」「1945年？？」「終戦の年？」

第4章　へっ！そうだったんだ！「日本の姿」ウソ・ホント？授業　133

T：「開拓されたすぐ後が最下位です。1位は，本土空襲が激しくなった1945年です。本土から多くの人が疎開し，人口が全国1位になりました」

2　日本一人口の少ない市

★★ **考えよう**　歌志内市は，全国の市のなかでもっとも人口の少ない市です。2016年3月現在の人口は3627人。1960年は，3万8千人だったが，1975年にかけて人口が急減したのはなぜか？

S：「石炭を掘らなくなったから」「10分の1に減ったんだ」
T：「炭鉱都市だった歌志内市は，大正時代には2万人を超え，昭和に入ってからも人口が増加したが，閉山とともに人口が減った。北海道には同様な都市が多くある。メロンで有名な夕張市もそうだね」

3　人口減少都市と産業構造の変化

グループ　討議　釧路市は1980年の22万7千人をピークに，2005年は19万人，2004年は18万1千人と人口が減少している。なぜ，人口が減ってきたのか？　釧路市の産業の現状から，次の3つのキーワードを使い考えよう。【200カイリ　　パルプ工業　　炭鉱】

　地図帳を開き，考えている。

S：「釧路炭鉱があるね」「この炭鉱が閉山したか不振なんだ」
　「釧路湿原は？」「国立公園があるから観光客もやってきて人口は増えるのでは」「パルプ工業って？」「森林があるから，その材木から紙を製造していた」
　「その工業が不振になったのはなぜかな？」

「木の家が少なくなった」「外国から木材を輸入するようになった」
「若い人が林業をやらなくなったのも原因では」
「200カイリは？」「地図帳に，ほっけとさんまが書かれているよ」
「水産業が盛んなんだ」「200カイリというのは，よくわからない」

＊話し合った内容を発表させる。

> **説明** 釧路は，全国一の漁獲水揚げ量であった2000年以降は3位〜12位と推移している。これは，200カイリをはじめとする漁業に対する各種規制が要因である。また，紙パルプ工場の縮小，太平洋炭鉱の閉山と産業構造の激変も影響している。

　釧路市は，エネルギー，漁業，林業等，産業構造の変化による人口減が端的に表れているので，典型的な事例として扱った。次の都市の事例を学習することも可能である。

　北見市，旭川市，帯広市など，軒並み人口が減少している。北見市は製材業の衰退，旭川市は地元企業の衰退，支店，支社の撤退，帯広市は食品製造，農機具製造業の衰退などにより人口が減っている。

4 人口増の都市と地域再生

> **説明** 北海道の人口はおおむね順調に増加している。1998年にもっとも多い約596万人に達した。しかし，全体の人口の36％が札幌に集中している。他地域への流出も多くなり，2040年には現在の約4分の3になるといわれている。

　いくつかの地域で人口が増えている所がある。どんな所だろう？

S:「観光地」「それ以外ないよね」（笑）「涼しいけど冬は寒いし」
T:「観光地っていっても人口が増えるためには，通年にわたり観光客が来てくれないとだめだよね」
S:「小樽って町はなかなかよかったよ」
T:「でも冬は無理でしょう」
S:「札幌は雪まつりがある」「夏も涼しい」「でも時計台って，ふ〜んって感じだった」（時計台の写真を見せる）

★ **考えよう** 夏も冬も観光客が来てくれそうな地域を探そう。

「函館」「札幌」「旭川」に意見は分かれる。

T:「答えはニセコ町です」　地図帳で確認する。

グループ討議 ニセコ町の人口が増えている理由を考えよう。

S:「近くにいっぱい温泉がある」「羊蹄山が近く，夏に登山ができる」「冬は？」「温泉」「温泉だけでは無理」「スキーだ！」

説明 ニセコ町は，1955年に人口のピークをむかえ，80年代に半減したが，近年は少しずつ増えている。2006年から3年連続で，地価上昇率は全国1位である。通年リゾート地として，夏は登山，サイクリング，カヌーやラフティング，ゴルフ，釣りなどのアウトドアースポーツを，冬はスキー，スノボなどのウインタースポーツを楽しむことができる。2000年はじめから，オーストラリアからの観光客が多く，2週間程度の長期滞在をすることが多くなった。最近は，アジア地域からも注目されており，香港やマレーシア資本による開発も進んでいる。

また，次の事例を紹介することも可能である。

○**ベッドタウン型（音更町）**：1970年は２万４千人であった人口が，1990年３万４千人，2000年３万９千人，2010年４万５千人と増えている。近年，30～40歳代と，その子ども世代の０～19歳の人口が増えている。単なるベッドタウンであるだけなら，いずれ子ども世代が就学や就職で町を離れるが，他地域からも流入が期待できる町である。それは，ベッドタウンという要素だけでなく，農業を基幹産業とした地域再生が実施されている。小麦と小豆の収穫量は日本一，ニンジンの出荷量は北海道一である。地域農作物を生かした食品製造業が盛んである。

○**産業，大規模小売店舗誘致型（中標津町）**：大規模酪農地帯の中心地として発展し，周辺地域からの人口流入があり，高齢化率は20％と低い。大酪農地域である特性を生かした工業と，国道沿い付近の開発を軸に人口が増えている。1974年には，新酪農村による機械化による大規模酪農が推進された。乳価不振による経営破綻も見られたが，国道272号の開通，根室中標津空港の開港から，大規模小売店が幹線道路沿いに出店され活性化してきている。また，雪印メグミルク，中標津農業協同組合の工場があり，雇用が生まれている。

【参考文献】
・増田寛也編著『地方消滅』中公新書，2014

32 探究 すごい！ ステキ！ やさしい東大阪
～2019年W杯で東大阪をアピールしよう～

2019年ラグビーW杯が東大阪市で開催されることになった。ラグビーで盛り上がる東大阪市だが，このことを好機ととらえ，"中小企業の街"として有名な東大阪市の"すごさ""ステキさ""やさしさ"を取材する取り組みをおこなった。

1 取り組みの概要

東大阪市を知るために，18チームに分かれ，1日フィールドワークを実施する。

＜事前学習：パネルディスカッション＞
◇W杯誘致室「W杯東大阪市誘致の意義と喜び」
◇郷土博物館学芸員「歴史の薫る街東大阪」
◇さらんばん「多文化共生の街東大阪」

＜取材先＞
① 「歴史の薫る街」郷土博物館，発掘ふれあい館
② 「多文化共生の街」国際情報プラザ，さらんばん，KK グローバルライフ 東大阪朝鮮高級学校
③ 「福祉の街」第二東福，あさひっこ
④ 「中小企業の街」フセラシ，秀英，木ノ本伸線，
⑤ 「偉人と誇りの街」司馬遼太郎記念館，田邊聖子文学館，近畿大学
⑥ 「ラグビーの街」W杯誘致室，花園ラグビー場，ラグビー野菜，絹屋

＊注：さらんばん……在日韓国・朝鮮人の介護施設，KK グローバルライフ……多くの外国人を雇用する企業，第二東福……障がい者施設，あさひっこ……幼児の自由保育，フセラシ……自動車のねじ関連企業，秀英……環境に配慮した弁当箱をつくる企業，絹屋……ラグビー饅頭

上記施設，個人，企業から1か所を取材するとともに，各駅でのアンケート調査を実施した。アンケート内容は以下のようである。

<駅前アンケート>
○W杯ラグビーが，東大阪で実施されるのをご存じですか
○W杯に何を期待しますか
○W杯で東大阪のどんなことをアピールしたいですか

2 プレゼン大会

取材活動後，「屋台村」形式でプレゼン大会を実施した。「屋台村」とは，壁新聞による発表を，おのおのの興味・関心に合わせ，いくつかを選択し，プレゼンを聴く発表形式である。

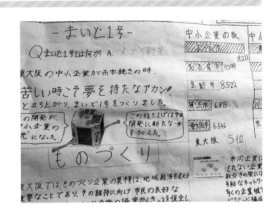

<東大阪の中小企業>

東大阪の中小企業のすごさや取り組みなどを紹介します。「まいど1号」です。クイズです。「まいど1号とはいったい何でしょう」「正解は人工衛星です」これは，東大阪市の中小企業の総力をあげて造ったものです。次は，東大阪市の企業の数・密度について説明します。数は全国5位，密度は全国1位です。このグラフ（略）を見る限り，日本を支える柱にもなっていることがわかります。3つめは，ものづくりと環境です。東大阪市では，平成25年に「東大阪市住工共生のまちづくり条例」を制定しました。この条例は，市民の良好な生活環境と企業の操業環境の共生をねらいとしています。（略）

<カレーパン>

東大阪カレーパンの会は，東大阪を元気な町にしよう！　とカレーパンの

普及振興をめざして活動しています。なぜ，カレーパンなのか？　東大阪といえばラグビーの町です。カレーパンの形を思い出してください。ラグビーボールの形と似ていると思いませんか？　理由はもう1つあります。カレーで有名なハウス食品があります。だから，カレーパンなのです。(略)

＜フセラシ＞

　まず，フセラシのスゴイところについて説明します。1日でどれくらいのネジをつくっているでしょう？　約13万個です。ネジをつくる機械は10台あります。(略) フセラシには「5S」というものがあります。それは"整理""整頓""清掃""清潔""躾"の5つです。社員のみなさんは，それを心がけているそうです。次はネジをつくる工程を紹介します。(略) そして，歴史です。1953年に天王寺に嶋田製作所を創立し，1965年に群馬県に新工場を設立しています。今は，東大阪だけではなくアメリカ，中国，世界各地に工場があり，中小企業として発展を続けています。

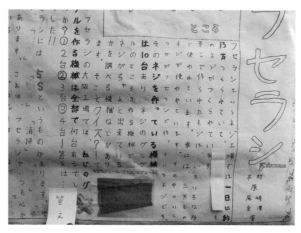

＜東大阪市の外国人＞

　まずクイズです。「東大阪市でいちばん多い外国人はどこの国でしょうか？」朝鮮・韓国人です。「二番目に多いのは？」中国人です。「なぜ中国人が多いのでしょうか？」戦争中に満州開拓に行き，日本に帰ってこられなくなった残留孤児と呼ばれる人たちが家族を連れて帰ってきたことです。そして，中国の方針が変わり，留学生や働きに来る人たちが増えたからです。また，中国より日本のほうが賃金が高いということもあります。（略）東大阪市には，平成25年の統計では16692人の外国人が住んでいます。だから，外国人が暮らしやすいようにいろんなことをしています。在日のおばあさんやおじいさんのための交流の場である「さらんばん」があります。他にも，日本人と外国人を同一賃金で雇用している「KKグローバルライフ」という会社，また，「国際情報プラザ」では，外国人の悩みの相談をしています。

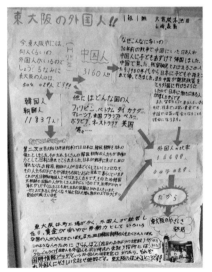 

　本実践は，筆者の助言をもとに東大阪市立縄手中学校において実践されたものである（2015年5月〜11月）。本実践は総合的な学習の一貫として取り組まれたものであるが，地域の課題を見出し考察する社会参画の視点を取り入れた探究型学習であり，地理的分野のまとめとして位置付けることもできる。

おわりに

　『大航海時代から大後悔時代へ』このジョークをご存知だろうか？このジョークに対して"ほくそ笑む"ためには，"大航海時代"の意味と，EU離脱でイギリスがなぜ後悔しているか（？）を理解していることが不可欠である。「大航海時代の主役はスペインやポルトガルじゃなかったっけ？」「フランスとドイツの石炭や鉄鋼の共同利用からはじまったよね」「関税のない貿易は合理的だ」「平和と繁栄をめざしたんだ！」「でも移民が増えると働く場が減少するね」「EU内の経済格差もたいへんだ」などの意見交換がおこなわれる。このような「対話」を通じて，大航海時代の歴史的意味，EUの歴史・現状・課題・離脱による影響等を考え，"イギリスのEU離脱"に対する価値判断力を培うことが大切である。一人一人が"空気"に流されず熟慮することが，社会科教育の真骨頂である。

　ある学生が，「先生，アクティブ・ラーニングって失敗することはないのですか？」と質問してきた。私は，即答で「失敗します！」と答えた。理由は「すべての生徒が，グループになって話し合うことはないから」「雑談するかも」「資料を読み取れない生徒もいる」と返答した。"アクティブ・ラーニング"では，「活動」の前提に，「誰もが"ひとこと"言ってみたい，考えたいテーマ設定」「協働の学び」「知的興奮」が不可欠である。そして，生徒と教師の揺らぎない信頼関係が醸成されていなければならない。生徒は，信頼していない教師には本音はおろか，意見さえ言わない。教師への信頼は"生徒主体"の"楽しくわかる"授業によりつくられる。

　本書は，前拙書「100万人が受けたい授業シリーズ」の続編である。刊行にあたって，前書同様，企画から刊行まで明治図書の及川誠氏，そして校正等は西浦実夏氏，姉川直保子氏にお世話になった。また，今回の「続地理」においては，イラストは元東大阪の教員だった山本松澤友里さんにお世話になった。この場を借りてお礼を言いたい。

　　　　　　　　　　　　　　　　　　　　　　　　　河原　和之

【著者紹介】

河原　和之（かわはら　かずゆき）

1952年　京都府木津町（現木津川市）生まれ。
関西学院大学社会学部卒。東大阪市の中学校に三十数年勤務。
東大阪市教育センター指導主事を経て，東大阪市立縄手中学校退職。
現在，立命館大学，近畿大学他，6校の非常勤講師。
授業のネタ研究会常任理事。経済教育学会理事。
NHK わくわく授業「コンビニから社会をみる」出演。

【著書】

『歴史リテラシーから考える近現代史　面白ネタ＆「ウソッ」「ホント」授業』『歴史人物42人＋α　穴埋めエピソードワーク』『「本音」でつながる学級づくり　集団づくりの鉄則』『スペシャリスト直伝！中学校社会科授業成功の極意』（以上，明治図書）
『大人もハマる地理』（すばる舎）他多数

qqt36ps9@tea.ocn.ne.jp

【イラストレーター紹介】

山本　松澤友里（やまもと　まつざわゆり）

1982年大阪府生まれ。広島大学教育学部卒。
東大阪市の中学校に5年勤務。
『ダジャレで楽しむタイ語絵本』（TJブリッジタイ語教室）企画・編集・イラストを担当。

続・100万人が受けたい
「中学地理」ウソ・ホント？授業

2017年4月初版第1刷刊	Ⓒ著　者	河　原　和　之
2018年11月初版第3刷刊	発行者	藤　原　光　政
	発行所	明治図書出版株式会社
		http://www.meijitosho.co.jp
	（企画）及川　誠（校正）西浦実夏・姉川直保子	
	〒114-0023　東京都北区滝野川7-46-1	
	振替00160-5-151318　電話03(5907)6704	
	ご注文窓口　電話03(5907)6668	

＊検印省略　　　　組版所　株式会社アイデスク

本書の無断コピーは，著作権・出版権にふれます。ご注意ください。

Printed in Japan　　　　　　　　ISBN978-4-18-257216-6
もれなくクーポンがもらえる！読者アンケートはこちらから　→

合理的配慮をつなぐ 個別移行支援カルテ

坂本 裕 編著

すぐに使える！合理的配慮を引き継ぐカルテ＆手引き

自閉症、学習障害、ADHDなどの発達障害のある子どもへの合理的配慮を進学（移行）時にどう引き継ぐべきなのか。1000名を超える調査をもとに設定した各移行期におけるカルテのフォームと手引き、見本をまとめました。教育委員会・学校でそのまま活用できます。

B5判 120頁
本体価格2,000円＋税
図書番号 1591

アクティブ・ラーニングを位置づけた 小学校／中学校 社会科の授業プラン

小原 友行 編著

即実践できるアクティブ・ラーニングの事例が満載！

「主体的・対話的で深い学び」とのかかわりがよく分かるアクティブ・ラーニングの授業プランを、学年・領域別・単元別に授業中の資料や対話場面も入れた形で豊富に収録。見方・考え方から子供の社会科認識のとらえまで、ALの評価の手立ても詳しく解説しています！

小学校編
B5判 136頁 本体2,200円＋税
図書番号 2771

中学校編
B5判 136頁 本体2,200円＋税
図書番号 2548

学級を最高のチームにする極意 365日の集団づくり 中学1年～3年／高校

学級経営の必読書

赤坂真二 編著
【図書番号・2740～2743】
A5判 160～176頁
本体価格1,760円＋税

★目指す学級を実現する，月ごとの学級経営の極意。
★「学級集団づくりチェックリスト」で，学級の状態をチェック！
★学級経営で陥りがちな落とし穴と克服の方法も網羅。

365日で学級を最高のチームにする！目指す学級を実現する月ごとの学級づくりの極意。発達段階に応じた関係づくりや集団づくりのポイントから、学級の状態をチェックする「学級づくりチェックリスト」、陥りがちな落とし穴と克服法までを網羅。学級担任に必携の書。

明治図書　携帯・スマートフォンからは **明治図書ONLINE** へ　書籍の検索、注文ができます。▶▶▶

http://www.meijitosho.co.jp　＊併記4桁の図書番号（英数字）でHP、携帯での検索・注文が簡単に行えます。

〒114-0023 東京都北区滝野川7-46-1　ご注文窓口　TEL 03-5907-6668　FAX 050-3156-2790

＊価格は全て本体価格表示です。